MAYA

Inventos Increíbles Que Puedes Construir Tú Mismo

Sheri Bell-Rehwoldt
Ilustrado por Tom Casteel

~ Libros en la serie *Constrúyelo tú mismo* ~

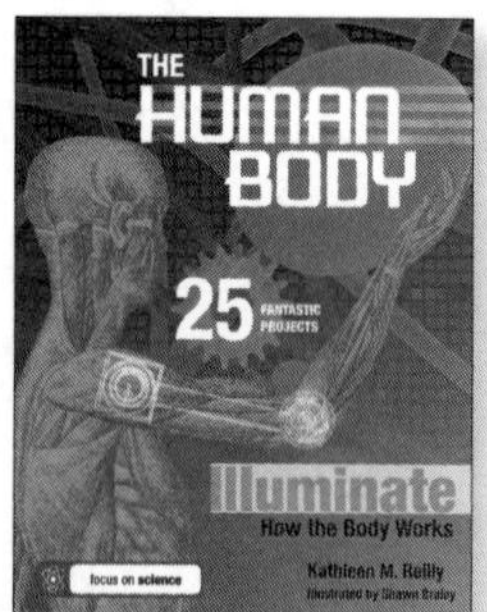

FOOD
25 AMAZING PROJECTS
INVESTIGATE THE HISTORY AND SCIENCE OF WHAT WE EAT

GEORGE WASHINGTON
25 GREAT PROJECTS
YOU CAN BUILD YOURSELF
Carla Mooney
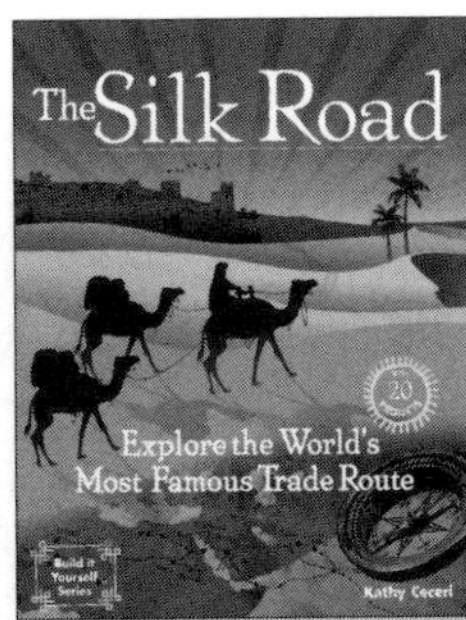
The Silk Road
Explore the World's Most Famous Trade Route
Kathy Ceceri

SEVEN WONDERS OF THE WORLD
DISCOVER AMAZING MONUMENTS TO CIVILIZATION

GEOLOGY OF THE PACIFIC NORTHWEST
INVESTIGATE HOW THE EARTH WAS FORMED

Explorers of the NEW WORLD
Discover the Golden Age of Exploration
Carla Mooney

Garbage
Investigate What Happens When You Throw It Out

GEOLOGY OF THE DESERT SOUTHWEST
INVESTIGATE HOW THE EARTH WAS FORMED
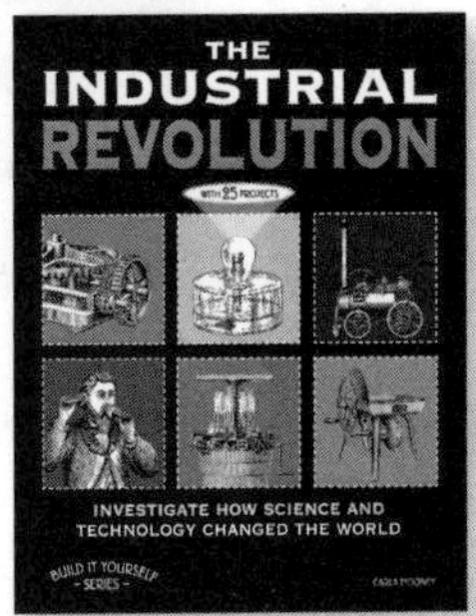
THE INDUSTRIAL REVOLUTION
INVESTIGATE HOW SCIENCE AND TECHNOLOGY CHANGED THE WORLD

GEOLOGY OF THE GREAT PLAINS AND MOUNTAIN WEST
INVESTIGATE HOW THE EARTH WAS FORMED

GEOLOGY OF THE EASTERN COAST
INVESTIGATE HOW THE EARTH WAS FORMED

GREAT CIVIL WAR PROJECTS
You Can Build Yourself
SESQUICENTENNIAL EDITION
Maxine Anderson

PROYECTOS IMPRESIONANTES DE LA GUERRA CIVIL
Que Puedes Construir Tú Mismo
EDICIÓN ESPECIAL 150 ANIVERSARIO
Maxine Anderson

MAYA
Amazing Inventions You Can Build Yourself
25

MAYA
Inventos Increíbles Que Puedes Construir Tú Mismo
25

BRIDGES AND TUNNELS
INVESTIGATE FEATS OF ENGINEERING
WITH 25 PROJECTS

Robotics
DISCOVER THE SCIENCE AND TECHNOLOGY OF THE FUTURE
WITH 20 PROJECTS

NATURAL DISASTERS
Investigate Earth's Most Destructive Forces
WITH 25 PROJECTS

backyard BIOLOGY
25 projects

Timekeeping
Explore the History and Science of Telling Time
with 15 projects

INCA
DISCOVER THE CULTURE AND GEOGRAPHY OF A LOST CIVILIZATION

INCA
DESCUBRE LA CULTURA Y GEOGRAFÍA DE UNA CIVILIZACIÓN PERDIDA

FECHAS IMPORTANTES: Cronología de los mayas

La antigua civilización maya duró alrededor de tres mil años. Su historia se divide en tres períodos de tiempo principales: el **período preclásico**, el **período clásico** y el **período posclásico**. Los descendientes de los mayas siguen viviendo en Centroamérica.

2000 a. n. e. – 250 n. e. (período preclásico): Evolución de cazadores-recolectores a pueblos agrícolas a grandes ciudades.

700 a. n. e.: Se desarrolla la lengua maya escrita.

400 a. n. e.: Empieza a decaer la civilización olmeca.

100 a. n. e.: Se funda la ciudad de Teotihuacán.

250 n. e. – 900 n. e. (período clásico):
Conocida como la *Edad de Oro*. Los reyes mayas reinan en grandes ciudades.

450 n. e.: Teotihuacán está en la cumbre como centro de una cultura mesoamericana poderosa.

500 n. e.: Varios ciudadanos de Teotihuacán huyen a Tikal, la cual se convierte en la primera gran ciudad maya.

600 n. e.: Un evento misterioso destruye Teotihuacán. Tikal se transforma en la ciudad más grande de Mesoamérica.

683 n. e.: A los ochenta años de edad muere Pacal II, el rey maya más importante.

751 n. e.: El comercio entre ciudades estado disminuye y aumenta el conflicto.

869 n. e.: Tikal comienza a decaer y es abandonada en 899.

FECHAS IMPORTANTES: Cronología de los mayas

900 n. e. – 1600 n. e. (período posclásico): Los mayas huyen de sus ciudades estado en las tierras bajas del sur. Las ciudades en el norte del Yucatán siguen prosperando hasta que son conquistadas por los españoles.

1224 n. e.: La ciudad de Chichén Itzá comienza a ser abandonada, y la gente se ubica a las afueras de la ciudad.

1263 n. e.: La gente de Chichén Itzá construye la ciudad de Mayapán, la cual se convierte en la capital de Yucatán.

1441 n. e.: La gente de Mayapán comienza a irse y para 1461 la ciudad está abandonada. Luego, los grupos en guerra compiten para dominar a los demás.

1502 n. e.: Cristóbal Colón se entera de la existencia de los mayas. Los conquistadores españoles salen a reclamar los recursos de la tierra y de la gente.

1519 n. e.: Hernán Cortés explora Yucatán y los españoles comienzan a conquistar México.

1541 n. e.: Los españoles conquistan a los mayas y establecen una capital en Mérida, en el norte de Yucatán.

1562 n. e.: Un obispo español brutalmente obliga a los mayas a que acepten el catolicismo.

1695 n. e.: Las ruinas de Tikal son descubiertas por un sacerdote español que se había perdido en la selva.

1697 n. e.: La última ciudad antigua maya, Tayasal, cae en manos del conquistador Martín de Ursúa.

1843 n. e.: John Lloyd Stephens y Frederick Catherwood exploran Centroamérica en busca de ruinas mayas. Publican un libro sobre sus viajes, despertando un interés mundial en los antiguos mayas.

1886 n. e.: Los jeroglíficos mayas comienzan a ser catalogados.

1952 n. e.: La tumba de Pacal II es descubierta en Palenque.

1973 n. e.: Especialistas hacen un avance importante en la comprensión de la lengua maya escrita.

1992 n. e.: Rigoberta Menchú, una mujer maya, gana el Premio Nobel de la Paz por luchar por los derechos humanos para los mayas.

Nomad Press se compromete a conservar bosques y recursos naturales. Hemos elegido imprimir *Maya: inventos increíbles que puedes construir tú mismo* en 4.007 lb. de papel Williamsburg reciclado al 30% en offset.

Nomad Press eligió este papel porque nuestra imprenta, Sheridan Books, es miembro de Green Press Initiative, un programa sin fines de lucro dedicado a apoyar a autores, editoriales y proveedores en sus esfuerzos por reducir su uso de la fibra que se obtiene de los bosques en peligro de extinción.

Para más información, visite: **www.greenpressinitiative.org**

Nomad Press
Una división de Nomad Communications
10 9 8 7 6 5 4 3 2 1

Este libro fue manufacturado por Sheridan Books,
Ann Arbor, MI, EE. UU.
Junio 2012, Trabajo #338125
ISBN: 978-1-936749-62-1

Ilustraciones por Tom Casteel
Asesora educacional Marla Conn
Traducción del inglés por Cecilia Molinari

Preguntas sobre cómo ordenar este libro se deben dirigir a
Independent Publishers Group
814 N. Franklin St.
Chicago, IL 60610
www.ipgbook.com

Nomad Press
2456 Christian St.
White River Junction, VT 05001
www.nomadpress.net

PERSONAS IMPORTANTES: Nombres conocidos por los mayas

Pacal II: El rey maya más famoso, también conocido como Pacal el Grande o K'inich Janahb' Pakal. Gobernó la gran ciudad estado maya de Palenque durante sesenta y ocho años, desde los doce hasta los ochenta años de edad. El nombre Pacal significa "escudo". Después de morir fue venerado como un dios.

Escudo Jaguar el Grande: Rey de Yaxchilán, ciudad rival de Palenque, desde 681. Murió a los noventa y dos años en 742 n. e. Como guerrero poderoso, consiguió que muchas otras ciudades quedaran bajo su mando.

Dama Xoc de Yaxchilán: La dama Xoc, la esposa más destacada de Escudo Jaguar el Grande, es mostrada en muchas tallas de piedra de Yaxchilán.

Uaxaclajuun Ub'aah K'awiil: También conocido como 18 Conejo, fue el decimotercer gobernante de Copán y uno de los reyes más famosos de esa ciudad. Reinó desde alrededor de 695 a 738 n. e., cuando fue capturado y sacrificado por un rey rival.

Pacal el Grande

Hernán Cortés (1484–1547): El conquistador que se fue de España en 1519 para capturar oro mesoamericano para España.

Carlos V, rey de España (1500–1558): Aprobó la conquista española de las Américas luego de subir al trono en 1516.

Diego de Landa (1524–1579): Un sacerdote español que intentó convertir a los mayas a la cristiandad de una manera brutal, quemando los códices mayas, torturando a la gente maya y demoliendo edificios mayas.

John Lloyd Stephens (1805–1852) y Frederick Catherwood (1799–1854): Publicaron un libro en 1843 sobre el descubrimiento de las ruinas mayas, lo cual despertó un interés sobre los mayas entre arqueólogos, especialistas y el público en general que hoy en día continúa.

Hernán Cortés

LUGARES IMPORTANTES: Geografía de los mayas

Península de Yucatán: El corazón de la civilización maya.

Teotihuacán: Una ciudad maya poderosa hasta el año 500 n. e.

Tikal: La primera gran ciudad de la civilización maya.

Palenque: Una gran ciudad gobernada por Pacal el Grande.

Yaxchilán: Una ciudad importante durante el período clásico.

Copán: Un reino fuerte establecido por una ciudadanía excepcionalmente acaudalada.

Uxmal: Una ciudad que dominó la zona norte de los mayas durante generaciones.

Chichén Itzá: Una ciudad importante alrededor del año 600 n. e.

Mayapán: Una capital política precolombina en la Península de Yucatán desde finales de la década de 1220 hasta la década de 1440 n. e.

Tayasal: La última ciudad estado maya en ser terminada por los españoles en 1697 n. e.

Mérida: La capital moderna del estado de Yucatán en México.

INTRODUCCIÓN

CERO

¿Alguna vez has pensado en cómo era la vida durante los tiempos de los antiguos mayas, mucho antes de que el primer explorador europeo pisara el Nuevo Mundo?

Los antiguos mayas eran la **civilización** más avanzada de sus tiempos. Son conocidos como matemáticos consumados y constructores expertos de ciudades enormes. También son famosos por su compleja lengua escrita, su sistema de calendario y por crear unas de las joyas, esculturas, pinturas y cerámicas más impresionantes del mundo.

Este libro te ayudará a aprender sobre los fascinantes calendarios y **jeroglíficos** de los mayas. ¿Cómo hicieron para cultivar cosechas en tierra árida y crear una extensa red de ciudades enormes? Descubrirás que los mayas creían que sus dioses habían creado a los primeros humanos del mundo —¡y exigían **sacrificios** de sangre a cambio de este regalo de vida! Explorarás cómo los mayas construyeron pirámides altísimas de losas de **caliza** y tallaron diseños complejos en **jade** verde. Hacia el final de este libro, verás lo que era el día a día dentro de la sociedad maya.

La mayoría de los proyectos en este libro se puede hacer sin la supervisión de un adulto, y los materiales de cada uno o son productos comunes de la casa o están disponibles en las tiendas de manualidades. Así que da un gran paso hacia atrás —a los tiempos de los mayas— ¡y prepárate para construirlo tú mismo!

PALABRAS ÚTILES

civilización: una comunidad de personas con una cultura y una organización social altamente desarrolladas.

jeroglíficos: un tipo de sistema para escribir que usa dibujos y símbolos llamados jeroglíficos para representar palabras e ideas.

sacrificio: una ofrenda a un dios.

caliza: un tipo de piedra que usaban los mayas para construir caminos, templos y otros edificios importantes.

jade: un mineral poco común y valorado, normalmente de color esmeralda a verde claro.

CAPÍTULO 1

UNO

Descubriendo UN ANTIGUO LEGADO

En la profundidad de la selva tropical de Centroamérica yacen las antiguas ruinas de un pueblo llamado maya.

Durante más de tres mil años, los mayas vivieron en una zona de aproximadamente 125.000 millas cuadradas (más de 320.000 kilómetros cuadrados), en lo que hoy en día son los países de México, Belice, Guatemala, El Salvador y Honduras. En su apogeo, más de diez millones de mayas vivieron en esa región, la cual los historiadores llaman “Mesoamérica”.

En 1843, los exploradores John Lloyd Stephens y Frederick Catherwood publicaron un libro sobre las ruinas mayas. Así fue cómo la gente descubrió a las otrora grandiosas ciudades que existieron.

Cuando Stephens y Catherwood encontraron las ruinas de la antigua ciudad maya de Copán, contemplaron con asombro sus pirámides empinadas y las **estelas** altas de piedra talladas con jeroglíficos. Increíblemente, Stephens pudo comprar las ruinas por cincuenta dólares para que él y Catherwood las pudieran estudiar detalladamente.

Catherwood pasó varias horas haciendo bosquejos de los jeroglíficos en sus cuadernos. Estaba seguro de que los símbolos describían la vida maya. Cuando **epigrafistas** y **arqueólogos** vieron los bosquejos de Catherwood, supieron que tenía razón. Pronto, los expertos alrededor del mundo comenzaron a estudiar a los antiguos mayas. Hoy en día sigue habiendo un gran interés por la historia maya.

PALABRAS ÚTILES

estela: losa vertical de piedra que usaban los mayas para registrar fechas e información importante sobre sus soberanos. La mayoría tiene una altura de tres a veintitrés pies (uno a siete metros). Los artistas mayas tallaban símbolos en la piedra.

epigrafista: alguien que estudia inscripciones antiguas.

arqueólogo: alguien que estudia las civilizaciones antiguas y sus culturas.

¿SABÍAS?

Catherwood usó un aparato llamado la cámara lúcida, la cual le permitía ver al objeto que estaba dibujando y su papel simultáneamente. Fácilmente logró trazar los contornos de los edificios y las estelas, asegurándose así de que sus bosquejos fueran fieles.

Catherwood se salva por poco

En 1839, Stephens, un cronista de viajes estadounidense, y Catherwood, un arquitecto inglés, viajaron a Centroamérica. Habían oído hablar de unas ruinas antiguas fantásticas. Su exploración no fue fácil: hacía calor en el **trópico**, los mosquitos eran feroces y los monos aullaban en las copas de los árboles. También lucharon contra la **malaria**.

En las ruinas de la ciudad maya Palenque, Catherwood contrajo malaria. La enfermedad ataca los glóbulos rojos, causando que exploten. Los síntomas incluyen fiebre, escalofríos, vómitos y dolor en las articulaciones. Catherwood pudo recuperarse y regresó a Centroamérica con Stephens, donde descubrieron las ruinas mayas de Chichén Itzá y Tulum. Cuando Catherwood se volvió a enfermar, ambos hombres regresaron a Nueva York para publicar un libro llamado *Incidents of Travel in Yucatán* (*Incidentes de viaje en Yucatán*). El libro describe los cuarenta y cuatro yacimientos mayas que descubrieron Stephens y Catherwood en sus expediciones.

¿Quiénes eran los antiguos mayas?

Los expertos todavía tienen mucho que aprender de los jeroglíficos y las ruinas mayas. Pero han descubierto suficiente información para responder a la pregunta: "¿Quiénes eran los antiguos mayas?".

Los mayas, sin ser un imperio, fueron una de las grandes civilizaciones de las Américas. Se extendían entre un grupo de **ciudades estado** independientes y gobernadas por separado, pero que compartían una cultura en común. Estas también compartían creencias religiosas, estructuras sociales y estilos de construcción con otras culturas mesoamericanas como los olmecas y los aztecas, pero cada civilización era única.

PALABRAS ÚTILES

trópico: cerca del ecuador.

malaria: una enfermedad tropical dolorosa causada por la picadura de mosquitos.

ciudad estado: una ciudad y sus alrededores que se gobierna a sí misma.

¿a. n. e.? ¿n. e.?

¿Qué significa cuando las fechas terminan con las letras a. n. e. y n. e.? Pues a. n. e. representa "antes de nuestra era". Nuestra Era comienza con el nacimiento de Jesús y empieza con el año 1 seguido por las letras n. e. Los eventos que ocurrieron antes del primer año de Nuestra Era son antes de Nuestra Era. Los años a. n. e. pueden parecer al revés porque con el paso del tiempo los años en realidad se reflejan en números más pequeños. Por ejemplo, un niño nacido en 300 a. n. e. celebraría sus diez años de edad en el años 290 a. n. e. Imagínatelo como una cuenta regresiva para llegar a Nuestra Era.

Los expertos dividen la historia maya en tres períodos de tiempo:

- **período preclásico**, 2000 a. n. e.–250 n. e.
- **período clásico**, 250–900 n. e.
- **período posclásico**, 900–1600 n. e.

La sociedad maya tuvo un comienzo simple. Mucho antes de vivir en grandes ciudades, los mayas eran **nómadas**. Se trasladaban por la zona en grupos pequeños compuestos de familias, moviéndose a regiones nuevas cuando se les acababa la comida. Entre dos mil y cuatro mil años atrás, los mayas aprendieron a cosechar maíz y otros **cultivos**, comenzaron a construir pequeños pueblos e instalarse en Mesoamérica.

PALABRAS ÚTILES

nómadas: un grupo de personas que se traslada en busca de comida y agua.

cultivo: plantas que se siembran para comida y otros usos.

¿SABÍAS?

La palabra "maya" probablemente vino de la ciudad Mayapán, la cual fue considerada la última gran capital de los mayas en el período previo a la conquista española. Cuando los españoles necesitaron una palabra para referirse a la gente de Yucatán, la provincia recientemente conquistada, eligieron "maya".

PALABRAS ÚTILES

bajos fondos: lugar donde residen los muertos, así como algunos dioses malvados.

Al extenderse en la región, los agricultores se encontraron con muchos retos. En el sur, cerca de la zona montañosa (ahora Guatemala y Honduras), encontraron tierra volcánica que servía para sembrar cultivos. Pero en las tierras bajas del norte de la Península de Yucatán, solo dos pulgadas de tierra cubrían la sólida piedra caliza. Sin embargo, bajo esta área achaparrada fluían arroyos y pozos de agua que los mayas llamaban *dz'onot*, y que luego los españoles denominaron *cenotes*.

Los mayas creían que estos pozos conducían a los **bajos fondos**, la casa de los dioses malvados.

Los agricultores que poblaron las tierras bajas centrales y sureñas estaban rodeados por una densa selva tropical. Sembraban algodón a pesar de las lluvias fuertes que caían entre mayo y diciembre, cuando las aguas podían llegar a una altura de diez pies (tres metros) o más. Pero los animales de la selva, como los monos, los jaguares, las iguanas, los ciervos, los pavos, los jabalíes y los pájaros les proporcionaban suficiente comida a los mayas. Los que poblaron la costa intercambiaban sal, tortugas, pescados y ostras por los cultivos que no podían sembrar.

PALABRAS ÚTILES

Pok-A-Tok: un juego de pelota donde los equipos representaban la eterna batalla entre el bien y el mal.

Alrededor de 500 a. n. e., los mayas comenzaron a transformar sus pueblos en las tierras bajas del centro de la región en grandes ciudades. Algunas de estas ciudades incluyeron Palenque, Tikal y Yaxchilán. Luego, los mayas también construyeron ciudades en el sur y el este. Una de las más impresionantes es Copán, la primera ciudad que descubrieron Stephens y Catherwood. Para 50 n. e., a estas ciudades les agregaron pirámides, plazas y canchas de **Pok-A-Tok**.

Al llegar a 300 n. e., las ciudades estaban dividas en cuatro clases de personas. Por encima estaban los reyes, los sacerdotes y los miembros de la familia real. En el medio se encontraban los mercaderes y artistas. Debajo de ellos estaban los *memba uinicoob*, que significaba “el trabajador común”. La clase más baja de gente eran esclavos llamados *pentacoob.* Los reyes mayas disfrutaban de riqueza y poder ilimitado, mientras que los esclavos no tenían nada y hasta eran usados para sacrificios humanos.

Los *memba uinicoob* eran los trabajadores de la población de cada ciudad. Su trabajo consistía en construir las estructuras de la ciudad y los caminos. También construían casas de piedra para la nobleza y sembraban sus cultivos.

PALABRAS ÚTILES

deuda: un servicio o dinero debido.

obsidiana: un vidrio negro producido por volcanes en erupción.

pedernal: una variedad de cuarzo muy duro, de color negro grisáceo.

Grupos de gente maya

ajaw: dios.

halch uinic: el líder o rey de cada ciudad maya que sostenía esta posición de por vida y luego se la pasaba a su hijo.

bataboob: los líderes y oficiales locales nominados que eran miembros de la clase noble.

ppolm: mercaderes comerciantes.

memba uinicoob: trabajadores comunes que representaban a la mayoría de la población maya.

pentacoob: la palabra maya para esclavos, un grupo que incluía gente en **deuda**, criminales y prisioneros de guerra.

Los antiguos mayas eran gente de la Edad de Piedra, lo cual significa que no tenían herramientas de metal que los ayudaran en sus tareas diarias. Sus herramientas estaban hechas de madera, piedra y hueso. En lugar de flechas con puntas de hierro, cinceles, cuchillos, hachas y martillos, sus herramientas de madera tenían hojas hechas de **obsidiana** y **pedernal**. Ambos podían ser cortados para hacer hojas sólidas y muy afiladas.

La Edad de Oro de los mayas

Lo que más conocemos es el período clásico de los mayas (250–900 n. e.), ya que esta fue la Edad de Oro maya. Fue durante estos años que los mayas alcanzaron su grandeza como sociedad. Las ciudades se fortalecieron y las habilidades y los conocimientos prosperaron.

PALABRAS ÚTILES

códice: una inscripción antigua en forma de libro.

múltiplo: un número que puede ser dividido en partes iguales por otro.

conquistador: un soldado español del siglo XVI.

Los arqueólogos han encontrado objetos de cerámica, murales y joyas que muestran las habilidades artísticas de los antiguos mayas. Expertos también han descubierto libros mayas, **códices**, que prueban que los mayas escribían cada sílaba que usaban al hablar, uno de los logros que los diferenciaba de sus vecinos mesoamericanos.

Otro factor que los diferenciaba era su conocimiento matemático. Los antiguos mayas desarrollaron un sistema de cuentas basado en el número 20. El sistema usaba "pasos" para aumentar los números **múltiplos** de 20. Así, podían hacer cálculos que llegaban a los millones. También fueron los primeros en usar el cero como un marcador de posición.

Sin embargo, las ideas inteligentes no pudieron prevenir el colapso de las ciudades mayas. Alrededor del año 750 n. e., las ciudades de las tierras bajas del sur comenzaron a decaer. Para el año 1000 n. e., muchas se encontraban vacías y abandonadas. Algunos arqueólogos no comprenden por qué los mayas se fueron de sus ciudades. Pero la mayoría de los expertos cree que la población de las ciudades creció demasiado para la cantidad de comida que podían producir. Los residentes se fueron de las ciudades cuando comenzaron a pasar hambre.

En el año 1502, Cristóbal Colón capturó una canoa comerciante maya cerca del Golfo de Honduras. Se corrió la voz en España sobre las culturas ricas de Mesoamérica, lo cual atrajo a los **conquistadores** españoles en busca de oro. Esto llevó a la caída de tanto los aztecas como los mayas.

Algunos arqueólogos creen que los trabajadores se fueron de las ciudades cuando se cansaron de trabajar para sus reyes. O quizá los mayas huyeron a causa de enfermedades, terremotos y guerras. Los expertos están de acuerdo en que la mayoría de los antiguos mayas que residía en las tierras bajas del sur probablemente murió dentro de un período corto de tiempo. Los demás se mudaron a las ciudades en las tierras bajas del norte de la Península de Yucatán. Estas permanecieron fuertes hasta que los conquistadores españoles invadieron el territorio maya y obligaron a que los mayas fueran sus esclavos.

Los esqueletos que datan de alrededor de 850 n. e. muestran que los mayas que vivían en las tierras bajas del sur sufrieron hambre y enfermedades como la malaria y la fiebre amarilla.

¿Quiénes eran los aztecas?

Para el año 1325 n. e., los aztecas habían terminado de construir su capital enorme, Tenochtitlán, sobre una isla. La ciudad tenía más de 50.000 residentes que vivían del maíz, los frijoles, los chiles, los zapallos, los tomates y el tabaco. Luego de la caída de las ciudades mayas, los aztecas controlaron la mayoría del sur y centro de México. Al igual que los mayas, los aztecas creían que sus dioses exigían sacrificios de sangre. Para vencer en la guerra, sacrificaban muchas víctimas a la vez quitándoles los corazones.

Los aztecas eran conocidos por sus joyas de oro y, en 1510, el conquistador Hernán Cortés guió a más de 500 soldados al territorio azteca en busca de oro. Al principio los aztecas creyeron que Cortés era un dios, y le brindaron respeto y oro. Pero atacaron a Cortés y sus hombres cuando vieron que cargaban el oro en barcos rumbo a España. En 1521, los españoles tomaron control de Tenochtitlán, y la sociedad azteca rápidamente desapareció. Hoy en día, la Ciudad de México está construida sobre esas ruinas.

Los conquistadores españoles

Los españoles navegaron a Centroamérica a reclamar oro para su rey. Uno de los primeros conquistadores en llegar fue Hernán Cortés en 1519. Después de que Cortés le quitó todo el oro a los aztecas, los españoles fueron a ver qué les podían quitar a los mayas. Al no encontrar oro, decidieron quitarles su tierra.

Los mayas se defendieron, pero no pudieron con los conquistadores. ¿Por qué fue que los españoles lograron conquistar a los mayas?

Primero, los españoles tenían mejores armas. Los mayas pelearon con lanzas y flechas, mientras que los conquistadores usaron cañones, revólveres, armas de metal y caballos. ¡Los mayas nunca antes habían visto caballos! Los registros escritos mencionan lo sorprendidos que quedaron los mayas cuando los españoles desmontaban sus caballos heridos de un salto para seguir peleando. Los mayas habían asumido que los caballos y jinetes formaban un solo ser.

Segundo, los mayas y los conquistadores tenían estrategias de guerra muy diferentes. Los españoles veían a la guerra como una manera de destruir a sus enemigos y llevarse todos sus bienes. Pero los mayas creían que la vida era sagrada y que el asesinato era un crimen. Incluso, antes de matar a un animal para comerlo, los cazadores mayas le daban las gracias, diciendo: "Tengo necesidad". Ellos veían el sacrificio de sangre de la misma manera —como una parte necesaria del ciclo de la vida.

Tercero, los españoles les trajeron nuevas enfermedades a los mayas, que mataron a millones. Estas enfermedades incluyeron sarampión, varicela y viruela. Y finalmente, los sacerdotes mayas habían pronosticado que las ciudades mayas caerían ante un enemigo extranjero, por ende muchos de los mayas simplemente se dieron por vencidos cuando los españoles los atacaron.

Para el año 1547, los españoles habían hecho esclavos a muchos de los mayas, con la excepción de aquellos que huyeron hacia la selva tropical. Los españoles también tiraron abajo muchas ciudades mayas para construir nuevas ciudades españolas para sus **colonizadores**, quienes se adueñaron de las mejores tierras mayas. Obligaron a los mayas a que sembraran nuevos cultivos para España, incluyendo cebollas, ajo, trigo, comino, orégano, canela, arroz, aceitunas, limas, bananas, café y cañas de azúcar.

PALABRAS ÚTILES

colonizador: un colono en una zona quien originalmente es de otro lugar.

antepasado: una persona de tu familia que vivió antes que ti.

Los mayas hoy

Aunque sus grandiosas ciudades fueron abandonadas, el pueblo maya no ha desaparecido. Hoy, alrededor de diez millones de mayas, y quizá más, viven en las mismas regiones de México, Guatemala, Belice, El Salvador y Honduras que sus **antepasados**. Más de la mitad de la población en Guatemala es maya. Algunas ciudades, como Mérida y Cancún en México, tienen grandes poblaciones de mayas. Sin embargo, la mayoría vive en zonas rurales, pero siguen sin ser dueños de sus propias tierras.

Como sus antepasados, los mayas de hoy en día no conforman un solo grupo. Sus poblaciones varias comparten una historia cultural, pero cada una tiene su propia tradición, idioma y costumbres. Al mantener sus maneras únicas de vida, los mayas han demostrado una fuerza y un carácter increíbles al enfrentar todos los retos impuestas por el mundo moderno. Siguen habiendo muchos idiomas mayas nativos, pero la mayoría de los mayas hoy habla español.

DOS

CAPÍTULO 2

Los reyes Y LOS SACERDOTES

A diferencia de sus vecinos aztecas, los antiguos mayas no eran gobernados por un solo rey. Cada ciudad maya tenía su propio rey. Los antiguos mayas llamaban a estos reyes los *halach uinic,* lo cual significa "verdadero hombre".

Los reyes: la vida y la muerte

Algunas ciudades mayas antiguas permanecieron pequeñas, mientras otras crecieron y se juntaron para formar grandes ciudades estado. Esto ocurría cuando los reyes capturaban a reyes enemigos, o cuando las familias reales en diferentes ciudades se unían con un matrimonio. Algunas ciudades estado tenían más de 50.000 residentes.

¿Por qué, sin quejarse, trabajaban tanto los residentes para mantener sus ciudades fuertes? Porque los **plebeyos** mayas creían que lo mejor era poner primero al rey y a la ciudad. El rey tenía a su cargo traerle buena suerte a la ciudad. Los mayas respetaban a sus reyes, creyendo que los dioses querían más a los reyes y que los reyes hablaban directamente con los dioses. A cambio de que el rey les pidiera a los dioses que bendijeran su ciudad, los trabajadores trabajaban duro para el rey. Sin embargo, si los cultivos fallaban o si una enfermedad se extendía por la ciudad, los mayas creían que los dioses los estaban castigando a ellos —o a sus reyes. Este era un buen momento para que atacaran los reyes **rivales**.

PALABRAS ÚTILES

plebeyo: una persona común y corriente sin rango ni título.

rival: un competidor.

incursión: un ataque.

Cualquiera que no obedeciera y sirviera al rey era esclavizado o matado. Los mayas también podían convertirse en esclavos si eran capturados por una ciudad rival durante una **incursión**, si eran vendidos por sus familias para saldar una deuda o si los descubrían robando. Si alguien robaba por segunda vez se lo mataba para librar a la ciudad del espíritu malvado del ladrón.

¿SABÍAS?

Era fácil distinguir cuáles eran los esclavos mayas. Tenían el pelo corto y, a menudo, sus cuerpos estaban pintados con rayas negras y blancas.

PALABRAS ÚTILES

toca: una elaborada prenda para la cabeza usada durante ocasiones ceremoniales.

piel: la piel de un animal.

decapitar: cortar la cabeza.

Los esclavos eran altamente valorados por la realeza, no solo porque trabajaban tanto, sino porque ¡servían como buenos sacrificios para los dioses! A veces los sacerdotes y la realeza les compraban esclavos a mercaderes comerciantes solo con este propósito.

Los artistas mayas a menudo pintaban a los reyes sentados en sus tronos. Estos reyes tenían al menos un guardaespaldas cerca para protegerlos en caso de incursiones sorpresa de guerra. Los guerreros en general atacaban las ciudades rivales de noche, repentinamente anunciando su presencia al soplar fuertemente una corneta. Vestidos con **tocas** altas y **pieles** de animales, los guerreros llevaban lanzas de madera con puntas de pedernal y escudos tejidos de hojas de palma o pieles animales. ¡Y sus esposas viajaban con ellos! Las incursiones de guerra podían durar varias semanas y nunca ocurrían en la época de siembra o cosecha de los cultivos, ya que esta fuente de comida era esencial para todas las ciudades estado.

Los reyes mayas temían ser capturados, torturados y **decapitados** por un rey rival como parte de un sacrificio de sangre. Un rey famoso que se encontró con este destino fue Uaxaclajuun Ub'aah K'awiil, cuyo nombre se traduce a "18 Conejo". Desde alrededor de 695 a 738 n. e., 18 Conejo gobernó la ciudad de Copán. Su cabeza fue cortada por Cauac Cielo, el rey de una ciudad estado rival.

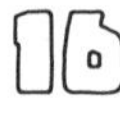

Cuando morían los plebeyos, eran enterrados debajo del piso de sus casas simples de barro junto con sus objetos personales. Se les colocaba una cuenta de jade en la boca para prepararlos para el renacimiento dentro del siguiente mundo.

Los reyes recibían una despedida mucha más elaborada.

PALABRAS ÚTILES

majestuoso: de una belleza impresionante.

lujo: algo que es lindo tener pero no es necesario.

pájaro quetzal: un pájaro valorado por los reyes mayas por sus plumas azul verdosas brillantes. Hoy, este pájaro está en peligro de extinción.

A los reyes los enterraban en tumbas **majestuosas**, con suficiente ropa, armas y esclavos para servirlos en la vida después de la muerte. ¡Hasta sus perros favoritos eran enterrados con ellos! Antes de que sellaran sus cuerpos dentro de las tumbas, los reyes eran adornados con joyas de jade. Pacal II, el gran rey de Palenque, fue enterrado con una máscara funeraria de jade que cubría toda su cara.

Los reyes enfrentaban estrés y peligro, pero también disfrutaban de muchos **lujos**, como vestirse con pieles de jaguar, joyas elegantes y preciosas plumas de la cola del **pájaro quetzal**. Y vivían con sus familias y asesores en hermosos palacios de piedra.

Con tantos residentes para alimentar, los reyes a menudo peleaban por las tierras de cultivo. Pero las incursiones también se hacían con el fin de robar a personas para esclavizarlas o usarlas en sacrificios humanos.

El pájaro quetzal

El pájaro quetzal es miembro de la familia de aves trogón, y es parecido al correcaminos. Anida en árboles y agujeros a través de la selva, y tiene unas plumas deslumbrantes. Como el pájaro quetzal era considerado sagrado y sus plumas eran tan bellas, solo los reyes se las podían poner.

Los sacerdotes: la nobleza y los curanderos

PALABRAS ÚTILES

escriba: un miembro de la sociedad maya que escribía con jeroglíficos sobre varios tipos de superficie, así como en códices, para mantener todo tipo de registros.

Al igual que los reyes, los sacerdotes eran altamente respetados por los residentes de las ciudades. Muchos sacerdotes eran miembros de las familias reales. Ellos se encargaban de comunicarse con los dioses y tomar decisiones importantes sobre cuándo se debían sembrar los cultivos, cuándo debían tener sus bebés las mujeres y cuándo se debían hacer ceremonias religiosas especiales. Estas decisiones las tomaban basándose en el movimiento de los planetas, la luna y las estrellas. Los **escribas** anotaban sus cálculos.

Los sacerdotes mayas registraban el tiempo observando el cielo. Solo usaban un palo bífido y sus ojos para seguir el movimiento de las estrellas y los planetas. Hasta podían calcular cuándo se alinearían los planetas y cuándo ocurrirían los eclipses solares. Registraban esta información **astrológica** en códices.

PALABRAS ÚTILES

astrológico: relacionado con el movimiento de los planetas, la luna y las estrellas.

Los mayas creían que sus dioses movían los planetas y consideraban que Venus era el más importante de todos. Lo llamaban *Nok Ek*, que significa "Gran Estrella", porque era tan brillante y visible a simple vista. También pensaban que el planeta estaba ligado a su dios serpiente *Kukulcán*, y los reyes mayas iban a la guerra basándose en su posición. Los sacerdotes hacían predicciones sobre el futuro cuando aparecía Venus. Creían que los cielos nocturnos les decían cuáles eran los mejores días para que se casen las parejas y tengan hijos, cómo se debían llamar los hijos y cuándo se debían llevar a cabo los sacrificios humanos.

La muerte y el entierro

Aunque la muerte era algo normal en sus vidas, los antiguos mayas temían sus propias muertes. Pensaban que una muerte "común y corriente" sería la peor manera de morir porque creían que morir de una enfermedad o de viejo significaba pasar una eternidad en el frío y la infelicidad de los bajos fondos. El honor de vivir en el paraíso, creían ellos, solo se les concedía a los guerreros que morían en batalla, las mujeres que morían al dar a luz y aquellos que morían sacrificados.

Los **chamanes** eran doctores talentosos. Se diferenciaban de los sacerdotes comunes porque ellos se ocupaban de las necesidades físicas de la gente. Para sanar a los enfermos, utilizaban magia, brujería y medicinas hechas de plantas y el mundo natural. Hacían pociones de **excremento** animal, orina, testículos de cocodrilos y gallos, alas de murciélagos y sapos vivos. También recetaban baños de vapor y usaban hierbas, como las hojas y el jugo del **agave**, para preparar té curativo. Hoy, los investigadores médicos estudian los remedios antiguos de los mayas.

PALABRAS ÚTILES

chamán: un sacerdote-médico en la sociedad maya que atendía las necesidades físicas de la gente.

excremento: residuo sólido.

agave: un tipo de cactus que crece en México y Centroamérica. Los mayas usaban sus fibras sisales.

demonio: un espíritu malvado.

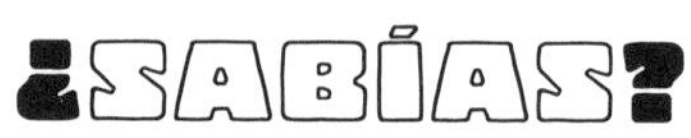

Los antiguos mayas creían que los demonios causaban la enfermedad. Para alegrar a los demonios, los mayas les dejaban comida. Hoy, los mayas continúan esta práctica.

Al ver a un paciente enfermo, lo primero que hacía el chamán era intentar encontrar la causa de la enfermedad tirando huesos animales al piso y "leyéndolos". Los chamanes les ofrecían sacrificios a los dioses que creían poder estar enojados. A veces hasta hacían sangrar la parte del cuerpo que le dolía a la persona para deshacerse de cualquier espíritu malvado. Si alguien sufría de dolores de cabeza, un chamán podía llegar a hacerle incisiones en la frente.

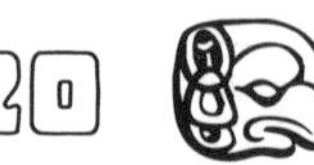

Los mayas casamenteros

Los chamanes eran más que curanderos. Bendecían las ceremonias que eran importantes dentro de la vida diaria de los antiguos mayas. Estas incluían las ceremonias de mayoría de edad que se hacían para anunciar públicamente que los jóvenes y las jóvenes ya no eran niños. Junto con los casamenteros oficiales, llamados *atanzahab*, los chamanes también ayudaban a arreglar matrimonios. El *atanzahab* se fijaba en que las estrellas predijeran buena suerte para la novia y el novio y se aseguraba de que el novio hubiera pagado un precio justo por su novia.

Después del festín matrimonial, el novio se mudaba a casa de la familia de la novia durante cinco a siete años. Luego, la pareja se mudaba permanentemente a la casa de la familia del novio o a una casa cercana. Los reyes a menudo tenían más de una esposa, pero la gente común solo podía tener un cónyuge a la vez.

Los mayas creían en terminar matrimonios infelices, y el divorcio era común. Si cualquiera de las dos personas quería casarse de nuevo luego del divorcio, se salteaban al casamentero y la ceremonia nupcial.

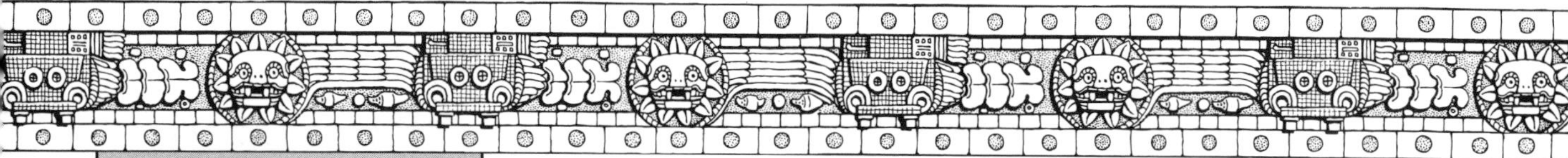

MATERIALES

lápiz

cartulina

pincel de punta fina

pegamento Elmer

recipiente y cuchara de plástico para cada arena de color

diferentes colores de arena colorida, disponible en tiendas de manualidades

laca o fijador de artista

Construye tu propia PINTURA DE ARENA DEL COSMOS

Los sacerdotes mayas eran expertos en estudiar el cielo. Construye tu propio modelo de los cuerpos celestiales de los que ellos dependían para tomar decisiones importantes para todos los miembros de la sociedad.

1 Usa un lápiz para hacer un dibujo de las estrellas y los planetas en la cartulina. Recuerda que las figuras muy pequeñas son difíciles de rellenar con arena. Decide dónde quieres poner cada arena de color y escribe la primera letra del color donde debe ir.

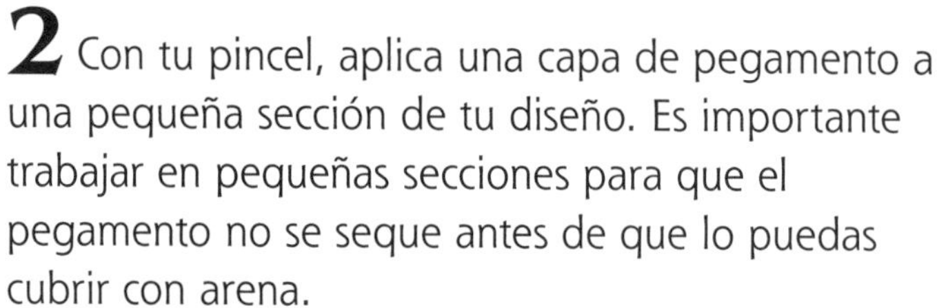

2 Con tu pincel, aplica una capa de pegamento a una pequeña sección de tu diseño. Es importante trabajar en pequeñas secciones para que el pegamento no se seque antes de que lo puedas cubrir con arena.

3 Utiliza la cuchara de plástico para verter una pequeña cantidad de arena de color sobre el pegamento. La puedes esparcir con tu dedo, si es necesario. Sostén tu papel sobre el recipiente con la arena de ese color y dale unos golpecitos para que el exceso de arena se deslice nuevamente dentro del recipiente. También puedes poner toda la arena que sobre en un solo recipiente para hacer arena multicolor.

4 Repite estos pasos hasta que todo tu diseño se encuentre terminado. Déjalo que se seque. Para "fijar" tu pintura de arena, ligeramente rocíala con la laca o el fijador de artista.

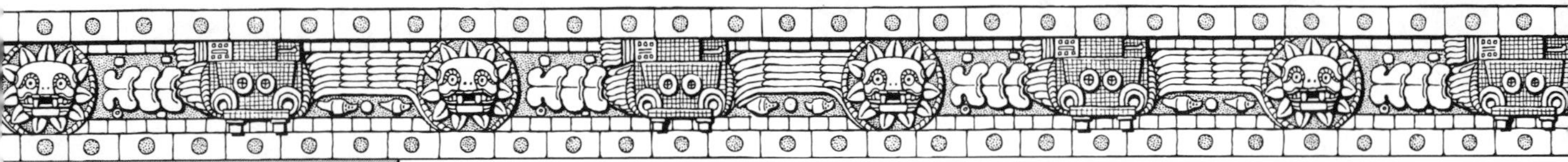

MATERIALES

papel manteca o de diario

máscara de plástico de manualidades 3-D (disponible en tiendas de manualidades) o una jarra de un galón de leche

cuchillo X-Acto o tijera

papel de seda verde o páginas viejas de revistas de color verde

pegamento blanco aguado o solución decoupage

brocha de esponja

pintura negra y blanca

pincel

Construye tu propia MÁSCARA FUNERARIA REAL DE "JADE"

Esta actividad te enseñara a apreciar la belleza y el color de las máscaras funerarias preferidas por los reyes mayas. *Si usas un cuchillo X-Acto, por favor pídele a un adulto que supervise esta actividad.*

1 Estira tu papel y colócale la máscara de plástico cara arriba por encima. Si usas una jarra de leche, córtala en dos en la unión con el cuchillo X-Acto o una tijera afilada. Puedes usar el lado con el asa para una buena forma de nariz.

2 Apila hojas del papel verde y corta o rompe la pila en pedazos y luego en varias formas. Cada pedazo se vuelve un azulejo "jade". Si usas hojas de una revista, elige todos los diferentes tonos de verde que puedas encontrar.

3 Si usas pegamento: utiliza tu brocha de esponja para agregar una capa fina de pegamento a una pequeña sección de tu máscara. Cubre el pegamento con tus azulejos de papel. Continúa este proceso hasta que toda la máscara esté cubierta por varias capas de "jade". Deja que la máscara se seque durante la noche.

4 Si usas la solución decoupage: utiliza el pincel incluido en la botella para recubrir una pequeña sección de la máscara. Cúbrela con los azulejos de papel. Al terminar, dale una última pincelada con la solución sobre la máscara. Esto le brindará una terminación dura. Deja que la máscara se seque durante la noche.

5 Pinta óvalos blancos para hacer las cuencas de los ojos. Cuando se haya secado la pintura, pinta círculos negros en los óvalos para hacer las pupilas.

TRES

CAPÍTULO 3

Los dioses Y LOS SACRIFICIOS

Todo aspecto de la cultura maya estaba basado en la religión. Los mayas eran **politeístas**, lo cual significa que veneraban a muchos dioses. Los expertos que estudian a los mayas saben que los mayas tenían nombres para al menos 166 dioses, y quizá más.

PALABRAS ÚTILES

politeísta: una persona que cree en más de un dios.

fetiche: una estatua pequeña que se cree tiene poderes mágicos o espirituales.

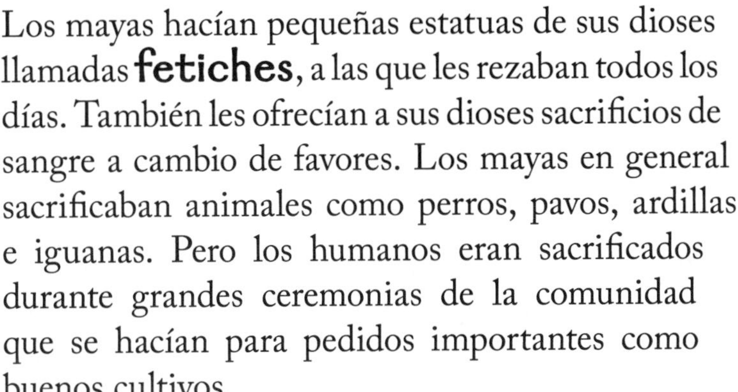

Los mayas hacían pequeñas estatuas de sus dioses llamadas **fetiches**, a las que les rezaban todos los días. También les ofrecían a sus dioses sacrificios de sangre a cambio de favores. Los mayas en general sacrificaban animales como perros, pavos, ardillas e iguanas. Pero los humanos eran sacrificados durante grandes ceremonias de la comunidad que se hacían para pedidos importantes como buenos cultivos.

Quizá los mayas derramaban sangre tan fácilmente porque creían que sus dioses lo habían hecho primero. Según la leyenda maya, los primeros humanos fueron creados cuando los dioses mezclaron su sangre con maíz.

Para este regalo de vida, los mayas creían que los dioses esperaban ofrendas de sangre a cambio. Sin los sacrificios de sangre, los mayas temían que los dioses se enojaran y destruyeran el mundo.

Importantes dioses mayas

Hunab-Ku: dios supremo que se creía creó el mundo.

Itzamná: dios de los cielos, que les presentó a los mayas la escritura, la agricultura y la medicina.

Chaac: dios de la agricultura, la lluvia y los relámpagos.

Kinich-Ahau: dios del sol.

Yum-Kaax: dios del maíz.

Ixchel: diosa de la fertilidad y el parto.

Yat Balam: dios de la guerra.

Ek-Chuah: dios de los mercaderes y la venta.

Ah-Puch: dios de la muerte que reinaba Mitnal, la tierra de la muerte.

Los mayas también ofrecían sacrificios de sangre para prevenir que el mundo perdiera el control. Creían que los dioses guiaban al sol y la luna a través del cielo cada día. Cuando la tierra estaba cubierta por la noche, los dioses llevaban al sol en un viaje por los bajos fondos, amenazados por dioses malvados. Los dioses que llevaban a la luna enfrentaban una lucha similar durante el día. Para tener la fuerza para ganar esta batalla diaria, los dioses necesitaban sangre humana sacrificada por los mayas. Como los sacerdotes y los reyes eran los que tenían más acceso a los dioses, no se esperaba que ofrecieran su propia sangre.

Los antiguos mayas creían que su dios Itzamná, que se traduce a "la casa de la iguana", les había dado a los humanos la escritura, la agricultura y la medicina.

Uno de los registros más famosos que descubrieron los arqueólogos de sacrificios de sangre real es un tallado de la dama Xoc, esposa del rey de Yaxchilán conocido como Escudo Jaguar. Era un guerrero poderoso que consiguió tener a varias ciudades bajo su mando. En los tallados, hechos alrededor del año 725 n. e., se ve a la dama Xoc pidiéndole a un dios que le de la victoria a Escudo Jaguar en una batalla. Está tirando de cuerdas con espinas que atraviesan su lengua mientras Escudo Jaguar sostiene una antorcha llameante encima de ella. Debe haber completado este acto doloroso después de **ayunar** por días y luego comer plantas que la llevaron a un **trance**. Después de cubrir pedazos de cortezas de árbol con sus sangre, las hubiera quemado. Los mayas creían que sus dioses aparecían en el humo que subía como un espiral hacia el cielo.

PALABRAS ÚTILES

ayunar: comer muy poquito o nada. Los mayas en general hacían esto con propósitos religiosos.

trance: un estado soñoliento.

procesión: un grupo de gente moviéndose en la misma dirección, hacia el mismo lugar o por la misma razón.

Durante las grandes ceremonias de sacrificio de la comunidad, los reyes se comunicaban con los dioses en público. Los residentes también tenían un papel importante. Los hombres y las mujeres bailaban danzas grupales por separado. Tocaban instrumentos en complicadas **procesiones** musicales. Los registros escritos de este período dicen que los participantes eran castigados severamente si llegaban a dar un paso fuera del ritmo o tocar la nota equivocada.

El universo maya

Los mayas creían que el universo estaba divido en tres capas. La de arriba contenía las estrellas y era la casa de los reyes del cielo. La del medio era la tierra. La de abajo era la de los bajos fondos o *Xibalba*, que significa "lugar de asombro". Esta era la casa de los dioses malvados. El centro de la tierra, de donde nacía el árbol del mundo, era verde. Los mayas le decían *wakan-chan* a este árbol, que significa "cielo levantado". Sus ramas sostenían al cielo, pero sus raíces yacían en las profundidades de los bajos fondos.

Los mayas creían que la tierra era plana con cuatro rincones. En cada rincón había un jaguar de diferente color, cada uno representando la dirección de un punto cardinal, sosteniendo el cielo. El jaguar del este era rojo, el del norte era blanco, el del oeste era negro y el del sur era amarillo. Según los mayas, el dios jaguar habitaba los bajos fondos, casa de los muertos, pero cada mañana se transformaba en el dios del Sol, que viajaba a través del cielo, del este al oeste, y luego volvía a los bajos fondos cada atardecer.

Los mayas recurrían a la naturaleza para sus instrumentos. Usaban **caracolas** como trompetas o las tallaban de calabazas largas o madera. También hacían sonajas de los **mates**. Ahuecaban los troncos y cubrían sus puntas con cuero de venado para hacer tambores, o los hacían de los caparazones de las tortugas y usaban los cuernos de venados como baquetas. Hasta hacían flautas con arcilla y los huesos de las patas de los venados.

Para purificarse para las ceremonias de sacrificio, los reyes y sacerdotes se limpiaban cuidadosamente y se negaban a comer. Los sacerdotes luego se pintaban los cuerpos de azul —el color del agua y el cielo— y también pintaban a sus víctimas para el sacrificio de azul. Los sacerdotes hacían esta pintura mezclado el colorante de **añil** con arcilla.

PALABRAS ÚTILES

caracola: una larga concha de mar en forma de espiral que se puede usar como corneta.

mate: calabaza seca y vaciada.

añil: un colorante azul hecho del arbusto añil.

muitú: un ave copetuda con cola larga que se encuentra en Centro y Suramérica.

sisal: fibra resistente de las hojas de agave usadas por los mayas para hacer sogas y para tejer.

Durante las ceremonias religiosas los sacerdotes y los reyes usaban máscaras ceremoniales especiales y tocas decoradas con plumas de tucanes, papagayos, faisanes y **muitús**. Estas plumas representaban a los dioses con los que los sacerdotes y reyes intentaban comunicarse. Los mayas creían que al ponerse tocas, los sacerdotes y reyes se transformaban en los mismos dioses que estaban tratando de aparentar ser. Las tocas ceremoniales a menudo eran más altas que los reyes y sacerdotes e incluían una pieza delantera tallada que representaba uno o más de los dioses.

Los reyes también usaban cinturones ceremoniales hechos de cuero, tela y soga de **sisal** y decorados con conchas de mar, cuentas y grandes pedazos rectangulares de jade, a veces tallados con la forma de una calavera humana. ¡Algunos reyes elegían usar verdaderas calaveras humanas en sus cinturones!

Agave

Además de hacer soga, las fibras sisal de la planta de agave se usaban para hacer objetos cotidianos como canastas, colchonetas, abanicos, sombreros y zapatos. El agave es un cactus con espinas afiladas. ¡Sus hojas pueden crecer hasta seis pies de largo (dos metros)! Cuando a estas hojas se les saca la pulpa al golpear o apretarlas, quedan hebras resistentes de sisal. El agave depende de una polilla específica que lo poliniza. Esta polilla es muy importante porque si no deposita polen en el estigma con forma de vaso de cada flor, las plantas no se pueden reproducir. Pero aun más interesante es que la polilla depende de la misma manera de la planta. Si no pudieran comer las semillas del agave, ¡las orugas de estas polillas se morirían de hambre antes de nacer!

Cuando están listos para hacer sacrificios, los sacerdotes y reyes suben las escaleras de sus pirámides empinadas para alcanzar sus templos sagrados. A diferencia de las pirámides triangulares de Egipto, las pirámides mayas eran planas arriba. Los mayas creían que sus pirámides representaban montañas, y los templos en sus cimas eran cuevas. A esta altura, los mayas se sentían más cerca de sus dioses que habitaban el mundo del cielo. Los reyes y sacerdotes tenían que aprender a dominar la habilidad para subir las escaleras de los templos sobre las puntas de sus pies porque los escalones eran muy angostos.

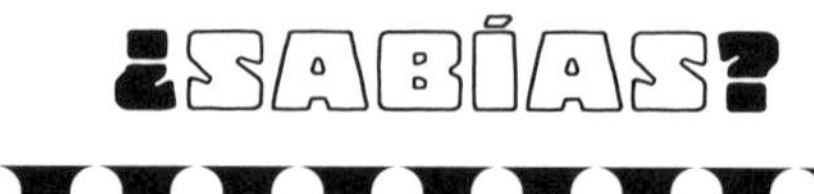

La mayoría de los turistas que sube y baja las pirámides hoy en día lo hace de costado. Muchos hasta bajan desde arriba sentados, escalón por escalón. Es tan empinado que muchas personas se marean.

La palabra maya para pirámide es *witz*, que significa "montaña". Los mayas creían que las montañas alojaban las almas de sus antepasados y dioses. Para estar cerca de ellos, los sacerdotes ubicaban altares ceremoniales en la cima de sus pirámides.

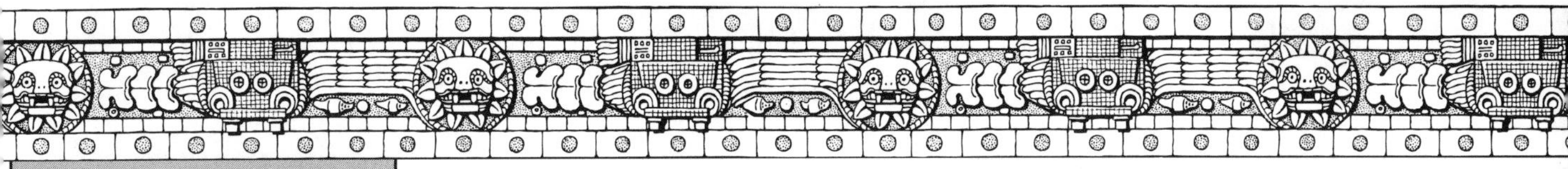

MATERIALES

globos

diarios

polvo de papel maché instantáneo marca Celluclay y agua

tijera

½ taza de frijoles secos o arroz (alrededor de 100 gramos)

palo largo y suficientemente grueso para que sirva de asa del mate sonaja

pistola encoladora

pintura marrón, negra y amarilla

pincel

cordel

cuentas con agujeros los suficientemente grandes como para que pase el cordel

plumas

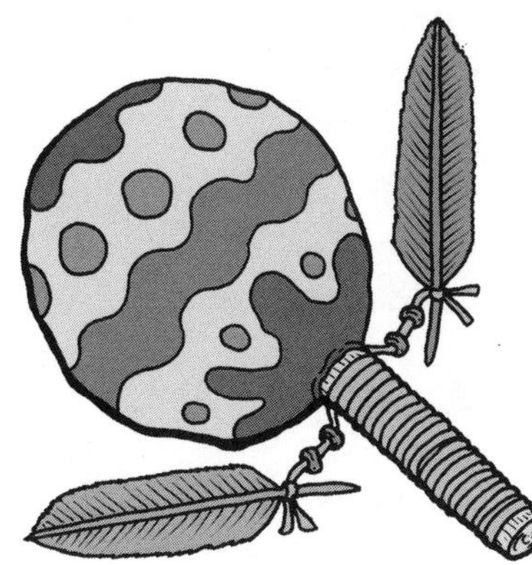

Construye tu propio MATE MUSICAL

Los mayas inventaron sus instrumentos musicales basados en el mundo natural. Aquí tienes dos maneras de construir un mate musical. El segundo método (en la siguiente página) hace una maraca maya más auténtica, pero requieres de tiempo para que se seque el mate. *Pídele ayuda a un adulto con la pistola encoladora.*

1 Infla un globo para formar tu propio "mate" y átalo. Cubre tu superficie de trabajo con papel de diario.

2 Mezcla el polvo Cellluclay con agua, siguiendo las instrucciones del paquete. Haz la forma de tu mate aplicando la arcilla con tus manos, cubriendo uniformemente el globo. Luego ponlo a un lado para que se seque.

3 Corta un agujero un poco más grande que tu palo en una punta del "mate" y haz explotar el globo. Vierte alrededor de ½ taza de frijoles o arroz secos (o ambos) por el agujero.

4 Con cuidado desliza el palo por el agujero hacia adentro unas 2 pulgadas (5 centímetros). Pídele ayuda a un adulto para pegar el palo en su lugar con la pistola encoladora y sellar el agujero. Deja que se seque el pegamento.

5 Pinta el mate de color marrón y luego agrégale textura dibujándole líneas serpenteantes o pintitas con tu pintura negra y amarilla. Deja que se seque la pintura.

6 Rocía al mate con barniz para darle brillo. Pégale pedazos de cordeles alrededor del asa. Cuelga cuentas y plumas de las puntas del cordel. Mientras agitas la sonaja, estas darán brincos.

El método 2 está en la siguiente página...

MATERIALES

calabaza (intenta encontrar una que tenga un cuello largo o un "asa" natural)

cuchillo afilado

cuchara

tijera

cordel o hilo

plumas, conchas de mar, cuentas

pistola encoladora

frijoles secos, arroz o grava

Construye tu propio MATE MUSICAL

Método II

Este proyecto es simple y muy divertido. ***Usarás un cuchillo afilado y una pistola encoladora, así que pídele a un adulto que te supervise.***

1 Sostén tu calabaza por el asa. Pídele ayuda a un adulto para usar el cuchillo afilado para cortar la parte de arriba de la calabaza donde comienza a ampliarse. Pegarás esta parte de arriba devuelta en su lugar, así que intenta hacer un corte limpio y deja esta parte a un lado.

2 Utiliza tu cuchara para sacar la parte de adentro de la calabaza. Deja que la calabaza se seque durante unos días. Cuanto más seca, mejor será el sonido.

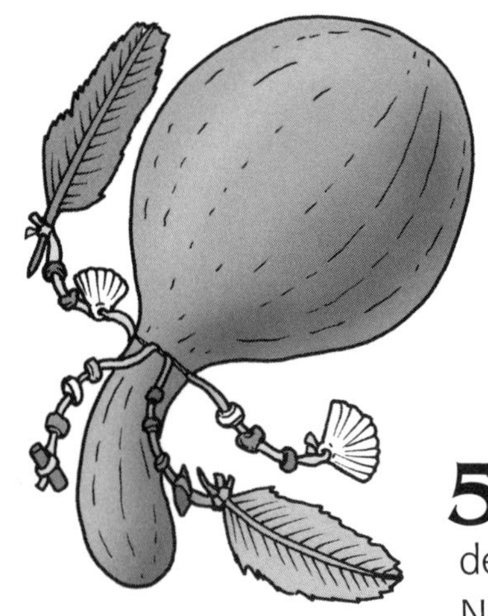

3 Corta varios pedazos de cordel o hilo de aproximadamente 4 pulgadas de largo (10 centímetros). Agrégales plumas, conchas de mar o cuentas a los hilos. Deja alrededor de 1½ pulgadas (4 centímetros) de cada hilo libre.

4 Toma la pistola encoladora y pega la parte libre de los hilos en la parte interior de la calabaza. Las puntas de los hilos con plumas y cuentas colgarán por fuera de la calabaza.

5 Cuando los hilos estén pegados en su lugar, llena el interior de la calabaza con un manojo de frijoles secos, arroz o grava. No la llenes hasta arriba; debes dejar lugar para que los frijoles se puedan agitar libremente.

6 Usa la pistola encoladora para pegar el asa de la calabaza devuelta en su lugar. Cuando se haya secado, ¡tendrás una maraca maya hermosa!

MATERIALES

papel manteca

arcilla marca Sculpey, de color negro, café, blanco, marrón y verde

mondadientes

cuentas pequeñas de color verde

cuentas medianas de color negro o marrón

papel de aluminio pequeño y rectangular

cuchillo de plástico

Construye tus propios FETICHES DE DIOSES DE ARCILLA

Estos son fetiches tradicionales que puedes construir tú mismo. Una vez que te acostumbres, también podrás elegir un objeto o símbolo que es importante para ti en tu vida diaria y hacer tu propia versión de un fetiche maya. *Pídele a un adulto que te supervise mientras usas el horno para hornear a tus figuras.*

Primera parte: iguana

1 Coloca el papel manteca sobre tu superficie de trabajo. Usando la arcilla marrón o verde, haz una bola de arcilla y amásala hasta formar un tronco de unas 4 pulgadas (10 centímetros) de largo. En una punta del tronco, une los costados de la arcilla para formar un triángulo. Esta es la cabeza de tu iguana.

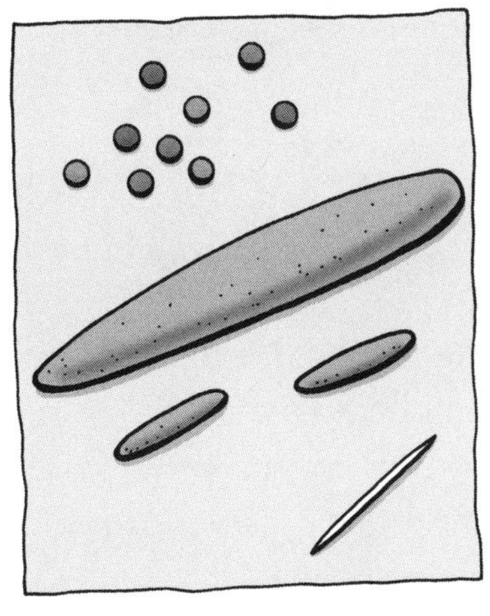

2 Usa tu mondadientes para hacer dos agujeros como ojos. Coloca dos cuentas pequeñas de color verde en estos agujeros.

3 Haz una larga cola curva con la otra punta del tronco. Haz piernas haciendo dos bolas medianas de arcilla y amasándolas para formar dos tronquitos delgados. Si doblas las piernas, parecerá que tu iguana se está moviendo.

4 Para decorar más, inserta una línea de cuentas por la columna de la iguana. Hornea según las instrucciones del paquete de arcilla.

La actividad continúa en la siguiente página...

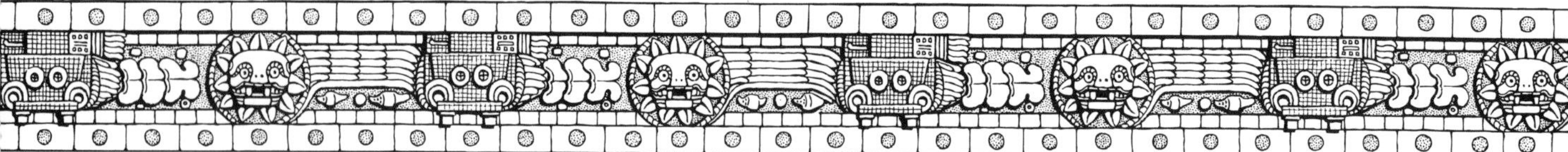

Construye tus propios FETICHES DE DIOSES DE ARCILLA

Segunda parte: la cara humana

1 Cubre tu área de trabajo con papel manteca. Amasa la arcilla negra Sculpey y arma un cuadrado delgado de 2 pulgadas (4 centímetros cuadrados).

2 Arruga el papel de aluminio para formar un óvalo de 1 pulgada (2½ centímetros). Amasa la arcilla color café o blanca y haz un rectángulo de 1½ pulgadas de largo (4 centímetros). Corta un pedazo largo ovalado del rectángulo. Esta será la cabeza de tu dios. Cubre el óvalo de aluminio con la cabeza del dios para que quede redondeada.

3 Coloca la cabeza con el relleno de aluminio sobre el cuadrado negro y con cuidado apriétalos. Recorta la arcilla negra para que solo sea un poquito más grande que la cabeza. Puedes cortar los bordes derechos, o en zigzag.

4 Con lo que queda de tu arcilla color café o blanca, has tres pequeños troncos. Estos serán la boca y los ojos de tu dios. También haz un triángulo pequeño, que será la nariz. Pon los ojos hacia la mitad de la cabeza. Luego pon la nariz y la boca en su lugar. Acuesta un mondadientes sobre los ojos horizontalmente y empuja suavemente. Esto le da forma a los párpados de arriba y abajo.

5 Agrega ojos al colocar 2 cuentas de color verde entre los párpados. Haz dos agujeros pequeños debajo de la nariz para crear narinas. Coloca las cuentas medianas arriba de la cabeza de tu dios para crear pelo.

6 Hornea según las instrucciones del paquete de arcilla.

CAPÍTULO 4

CUATRO

LOS MERCADERES

Al igual que los sacerdotes y reyes, los mercaderes comerciantes también jugaban un papel importante en la sociedad. Compraban y vendían comida y otros objetos a través de toda Mesoamérica.

Comida, gemas y ¡CHOCOLATE!

Los mercaderes de las tierras bajas viajaban a otras ciudades para vender miel, tela de algodón, tabaco, vainilla, granos de **cacao** y pieles de animales. El jade, la obsidiana, el **copal** y las plumas de quetzal usadas solo por los reyes venían de las zonas montañosas. Los mercaderes de las ciudades costeras vendían pescado seco, huevos de tortuga, conchas de mar, perlas y sal. Todos estos mercaderes preferían vender sus bienes en las plazas concurridas de las ciudades.

A menudo, los mercaderes viajaban distancias largas hacia el oeste para comerciar con sus vecinos toltecas y aztecas. Cuando iban por tierra, llevaban sus bienes sobre sus espaldas, usando un **mecapal**, ya que no tenían caballos ni otros animales de carga. Con un mecapal, los mayas podían llevar cargado hasta 70% de su peso corporal.

PALABRAS ÚTILES

cacao: granos que contienen las semillas que se usan para hacer cacao, manteca de cacao y chocolate.

copal: un tipo de resina que viene de árboles tropicales que se usan en las velas.

mecapal: un cabestrillo para llevar una carga sobre la espalda, con una faja que se pone alrededor de la frente.

¡Los mayas inventaron las bebidas de chocolate!

Se dice que la palabra chocolate viene de la palabra maya *xocoatl*. Los mayas cultivaban árboles de cacao solo para que los reyes pudieran tomar sus bebidas de chocolate espumosas preferidas cuando lo desearan.

Los árboles de cacao crecen en la sombra húmeda de las selvas tropicales de Centroamérica. Cada árbol echa retoños que deben ser fertilizados por jejenes diminutos antes de volverse vainas. Los mayas secaban los granos, los molían y los mezclaban con agua. Luego vertían la mezcla de un jarro de bebida a otro para hacerlo espumoso. Cuando llegaron los soldados españoles, aprendieron a amar el gusto del cacao, y le agregaban azúcar a sus bebidas de chocolate para que fueran menos amargas. Mandaron los granos a España y las familias reales españolas también se enamoraron de la bebida.

Hoy en día, trabajadores en fábricas cosechan las vainas de cacao. Abren cada vaina con un martillo pesado de madera y le sacan los cuarenta y pico de granos, que están rodeados de una pulpa pegajosa y blanca. Los granos se secan bajo el sol, luego se tuestan a una temperatura alta para realzarles el sabor. Una máquina especial separa la cáscara del grano de su interior, el cual es llamado la punta del cacao. Las puntas de cacao se muelen hasta convertirse en una pasta espesa. ¡Esta pasta se usa para hacer tus chocolates preferidos!

¿SABÍAS?

En la década de los veinte un hombre en la Ciudad de México entregaba pianos cargándolos sobre su espalada usando un mecapal.

Los comerciantes mayas también cruzaron ríos y el océano para llegar al Caribe y a Panamá. Para hacerlo, usaban grandes canoas de madera llamadas *chem*. Los mayas tallaban las *chem* de troncos de caoba y otros árboles de madera noble. De más de cuarenta pies de largo (doce metros), ¡las canoas podían transportar hasta veinte personas!

El cacao era tan valioso que se convirtió en la **moneda** de los mayas. ¿Por qué? ¡A los reyes les encantaba tomar bebidas espumosas de chocolate hechas con semillas de cacao! Los trabajadores comunes no las podían beber porque no las podían pagar. Algunos comerciantes intentaban engañar a los compradores con granos falsos. Estos hombres deshonestos llenaban las vainas vacías con arena. Pronto todos aprendieron a probar el grano mordiéndolo para asegurarse de que era sólido.

PALABRAS ÚTILES

moneda: dinero u otro objeto de valor utilizado para el intercambio.

MATERIALES

olla

2 tazas de leche (alrededor de 500 mililitros)

1 disco de 4 onzas de chocolate oscuro y amargo prensado (una marca popular es Ibarra)

batidor

2 tazas en donde servir el chocolate caliente

Prepara tu propio CHOCOLATE CALIENTE MEXICANO

Trátate como la nobleza y hazte una bebida de chocolate sabrosa. ***Usarás una cocina caliente, así que pídele a un adulto que supervise esta actividad.***

1 Calienta la leche y el chocolate en una olla sobre fuego lento. Usa un batidor y mezcla el chocolate con la leche humeante. Saca la olla con la mezcla caliente de la cocina.

2 Para hacer la lecha espuma, revuelve fuertemente con un batidor. O, puedes hacer lo que hacían los mayas para espumar su bebida de chocolate: vierte la leche de una taza a otra hasta que esté llena de burbujas de aire. Sírvelo en dos tazas.

Los registros escritos encontrados por los arqueólogos nos dicen que se podía comprar un hombre esclavo adulto por cien granos de cacao.

CAPÍTULO 5

CINCO

La agricultura, LA COMIDA Y LA ROPA

Los trabajadores comunes (memba uinicoob) de las sociedades mayas disfrutaban de pocos lujos en la vida. Vivían en casas simples de barro y trabajaban duro todo el día. A menos que estuvieran en una incursión de guerra, los hombres estaban o sembrando o cosechando los cultivos, o construyendo pirámides y caminos. El cultivo principal de los mayas era el maíz. Los agricultores también sembraban frijoles negros y rojos, calabazas, chiles, tomates, avocados, papayas y batatas.

La comida y la agricultura: pocas herramientas, agua limitada

Los plebeyos mayas se iban a dormir temprano en familia, ya que dormían todos juntos en un mismo cuarto. En la mañana se levantaban antes del amanecer para que los hombres pudieran ir a los campos antes de que calentara el día. Sin herramientas de metal o máquinas, usaban palos afilados para cavar hoyos en el suelo para sus semillas de cultivo. No había caballos que los ayudaran a arar la tierra, por lo tanto la agricultura era un trabajo lento y difícil.

PALABRAS ÚTILES

bancal: una zona plana formada por un corte en una pendiente empinada para sembrar cultivos.

El maíz era un cultivo espiritual para los mayas, ya que representaba el nacimiento y la muerte. Los mayas veneraban a Yum-Kaax, el dios del maíz.

Yum-Kaax, el dios maya del maíz.

Durante el período clásico (250–900 n. e.) de los mayas, los agricultores desarrollaron maneras inteligentes para cultivar los campos. En las zonas bajas y pantanosas, por ejemplo, construían campos elevados. Hacían **bancales** planos en las laderas de las montañas para evitar que el agua se llevase la tierra durante las lluvias. Y alternaban sus cultivos cada par de años para que la tierra tuviera tiempo para descansar entre siembras.

¿SABÍAS?

Los mayas crearon la goma de mascar, que ellos llamaban *cha*. Tomaban la resina gruesa y lechosa que supuraba de un árbol llamado zapote, esperaban a que se endureciera y luego la masticaban.

En las zonas sin ríos, los antiguos mayas hicieron algo muy creativo: cavaron **embalses**. Un embalse es como un gran bol que acumula agua de lluvia. Se puede ver un embalse de los antiguos mayas en las ruinas de Tikal, una ciudad en el norte de Guatemala. Tikal estaba rodeada de diez embalses, ¡y en cada uno cabían hasta 40 millones de galones de agua (150 millones de litros)! En los lugares donde tenían demasiada agua, los mayas construyeron canales y **acueductos** para conducir el agua por las ciudades. Puedes ver un viejo acueducto si visitas las ruinas de Palenque.

PALABRAS ÚTILES

embalse: una laguna o lago natural o artificial utilizado para guardar y regular el suministro de agua.

acueducto: un tubo o canal designado a transportar agua utilizando la fuerza de la gravedad de un lugar a otro.

sequía: un período largo de poca o nada de lluvia.

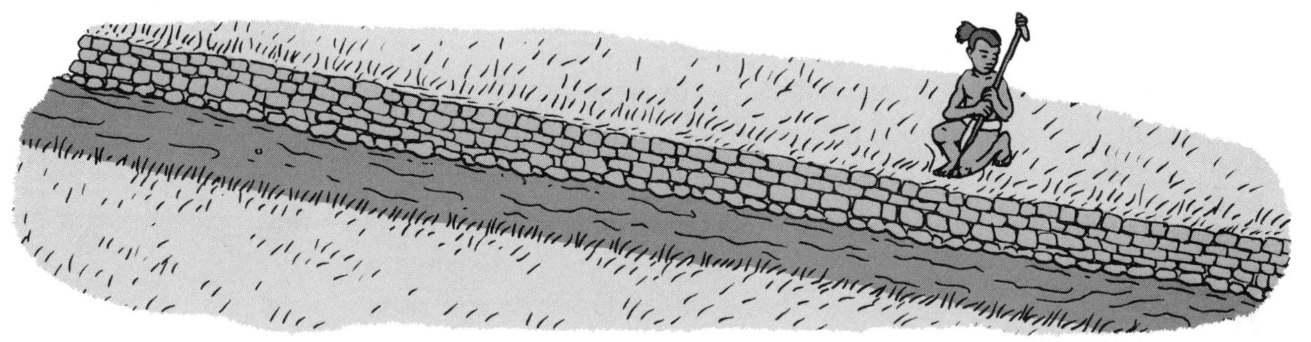

Los mayas eran agricultores creativos y exitosos, pero cuando se trataba de canalizar aguas hacia sus cultivos, durante la época de **sequía**, sus embalses y acueductos a veces corrían el riesgo de resecarse. Durante estos tiempos, se cree que los mayas construían instrumentos musicales para alentar la precipitación para sus cultivos. Los palos de agua son tubos huecos con palitos clavados en su interior, rellenados de un lado con pequeñas cuentas o granos. Cuando se levanta una punta del palo, las cuentas adentro se caen hacia la otra punta y rebotan en los palitos creando el sonido de una tormenta de lluvia.

Hacer tortillas es un trabajo difícil

Los mayas no usaban tenedores ni cucharas. ¡Usaban tortillas! Las enrollaban y las usaban como cucharas para las salsas y los frijoles. Necesitaban muchas tortillas para darle de comer a toda la familia de esta manera —y mucho esfuerzo para convertir el maíz seco en tortillas planas. Cada noche, las mujeres ponían los granos secos del maíz en remojo en una olla con agua y lima para ablandarlos. A eso de las cuatro de la mañana las mujeres se levantaban para moler el maíz ablandado y transformarlo en harina para hacer la masa. Ahora estaban listas para hacer sus tortillas. Después de armar fogatas debajo de sus **hogares** de tres piedras, las mujeres mayas armaban las tortillas y cocinaban la ración del día, una por una.

PALABRAS ÚTILES

hogar: el piso de un fuego u horno.

retorcido: doblado y deformado.

Los mayas comían tortillas de maíz en cada comida. El maíz tenía que ser molido fresco y diariamente porque no se mantenía bien en el clima húmedo. Las mujeres usaban una piedra para moler llamada metate, un pedazo de piedra de alrededor de un pie de ancho y dieciocho pulgadas de largo (treinta por cuarenta y cinco centímetros). Apretaban los granos de maíz con una herramienta de piedra parecida a un rodillo, llamada metlapil hasta que se molieran y quedara una harina fina. Luego mezclaban la harina con agua para hacer la masa. Los expertos saben que las mujeres mayas pasaban mucho tiempo arrodilladas moliendo maíz porque los huesos de sus rodillas en sus esqueletos están **retorcidos**. Mientras que los huesos de las rodillas de los esqueletos de las mujeres reales no están retorcidos porque sus esclavas eran las que hacían este trabajo.

Ropa: tejidos tradicionales

Mientras los hombres estaban ocupados en los campos, las mujeres trabajaban duro en casa. Hacían tortillas, mantenían sus huertas y colmenas, cuidaban de sus niños, preparaban las comidas para la familia y tejían ropa. Los telares usados por las mujeres mayas antiguas se llamaban telares de cintura porque se ataba una punta alrededor de un árbol y la otra alrededor de la cintura de la tejedora.

PALABRAS ÚTILES

portátil: fácil de llevar de un lugar a otro.

Los telares de cintura eran pequeños y **portátiles**. Se podían usar en cualquier parte que hubiera un árbol o poste. Los códices antiguos mayas muestran imágenes de mujeres mayas usando telares de cintura. Dos mil años más tarde, los mayas siguen viendo a los telares de cintura como un símbolo sagrado y continúan usándolos para tejer telas.

¿SABÍAS?

Dicen que la diosa Ixchel fue la que inventó el telar de cintura. Ella es la diosa de la medicina, el parto y los tejidos.

Para hilar sus cultivos de algodón, las tejedoras mayas usaban una herramienta llamada **malacate**. Con una mano giraban un palo de un pie de largo (treinta centímetros), sujetado y equilibrado por el peso del disco en la parte de abajo, y con la otra enrollaban fibras de algodón en el palo. Mientras el algodón se enrollaba, se transformaba en hilo. Luego las tejedoras teñían el hilo con colorantes vegetales y minerales, y tejían unas telas coloridas. Los plebeyos usaban ropa simple. Los hombres usaban un **taparrabos** llamado *ex* y las mujeres usaban vestidos sueltos y bordados llamados *huipiles* y un chal liviano llamado *pati*. A las mayas les llevaba dos a tres meses tejer un *huipil*.

PALABRAS ÚTILES

malacate: un huso o palito, estrecho en una punta y más pesado en la otra, donde se hace el hilado de fibras.

taparrabos: un pedazo de tela usada alrededor de la parte central del cuerpo.

Hoy en día, las mujeres siguen usando *huipiles* en Guatemala y México.

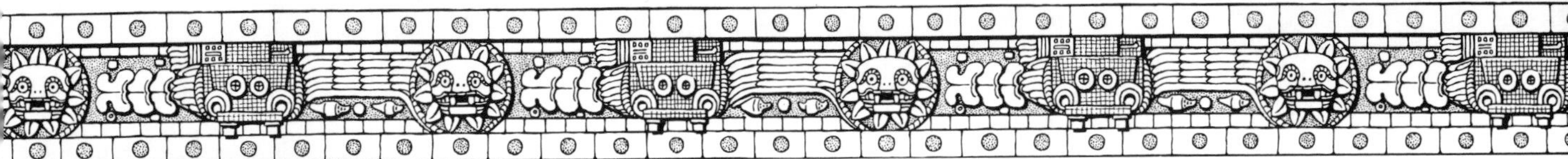

MATERIALES

2 tazas de harina de maíz (260 gramos)

1 taza tibia de caldo de pollo (250 mililitros)

½ cucharadita de sal

bol para mezclar

cuchara de madera

bol de vidrio

envoltorio de plástico

rodillo

sartén

cocina

papel de aluminio

rellenos, como queso y salsa

Prepara tus propias TORTILLAS

Las tortillas se siguen sirviendo junto con la mayoría de las comidas en México hoy en día. Los antiguos mayas calentaban sus tortillas en una piedra sobre el fuego, pero tú puedes hacer tortillas en una cocina moderna. *Pídele a un adulto que te supervise mientras cocinas las tortillas.*

1 Mezcla los tres ingredientes con una cuchara de madera para formar la masa. Sobre una superficie rociada con harina, amasa la masa hasta que no esté pegajosa. Esto te tomará unos 5 minutos.

2 Pon la masa en un bol de vidrio y cúbrelo con envoltorio de plástico. Déjalo reposar una hora.

3 Divide la masa en 12 pedazos iguales. Saca un pedazo a la vez del bol cubierto ya que el envoltorio de plástico evitará que la masa restante se reseque.

4 Dale forma a cada pedazo de masa con tus manos, haciendo una bola y luego aplastándola entre las palmas de tus manos. Usa las puntas de tus dedos para estirar la masa y formar un círculo delgado o usa un rodillo y estira la masa entre dos pedazos de envoltura plástica.

5 Cuando tus tortillas se encuentren bien planas, pídele ayuda a tus padres para freírlas en la sartén sobre fuego medio-alto. Da vuelta la tortilla para dorar ambos lados. Envuélvelas en papel de aluminio para mantenerlas calentitas.

6 Las tortillas calientes son ricas con muchos rellenos diferentes, como queso rallado y salsa. ¡Enróllalas y disfruta!

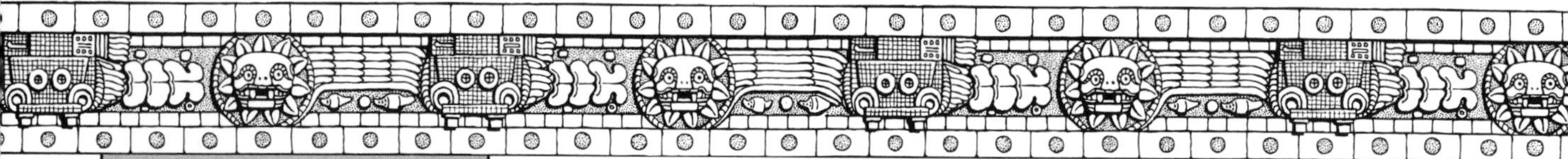

MATERIALES

Tubo de toallas de papel o papel de regalo vacío

Marcador negro o bolígrafo de punta fina

60 o más clavos de 1 pulgada (2½ centímetros)

Cinta adhesiva extrafuerte (para embalar)

cartulina

tijera

bandas elásticas

arroz o frijoles pequeños secos

pintura, marcadores u otras decoraciones

Construye tu propio PALO DE AGUA

Quizá vivas en una zona donde cae bastante lluvia en tu jardín, ¡pero el sonido de estos palos de agua es siempre encantador! ***Pídele a un adulto que te supervise ya que usarás clavos.***

1 Usa un marcador o bolígrafo negro y de punta fina para dibujar puntos por toda la unión en forma de espiral alrededor del tubo de cartón.

2 Mete un clavo de 1 pulgada (2½ centímetros) en cada punto. ¡Asegúrate de no agujerear el otro lado del tubo! Necesitarás alrededor de 30 clavos para cada pie de tubo de cartón.

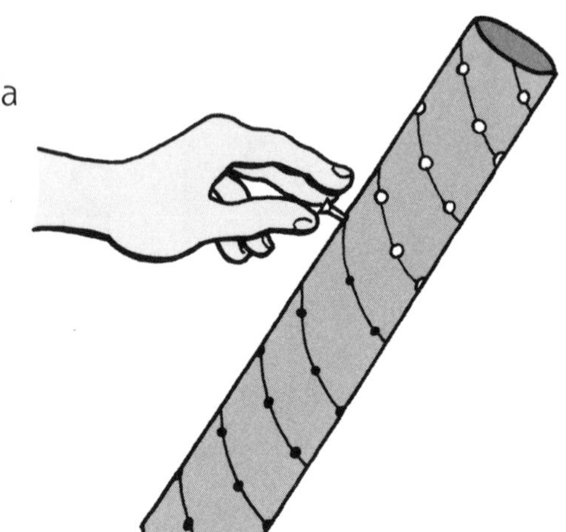

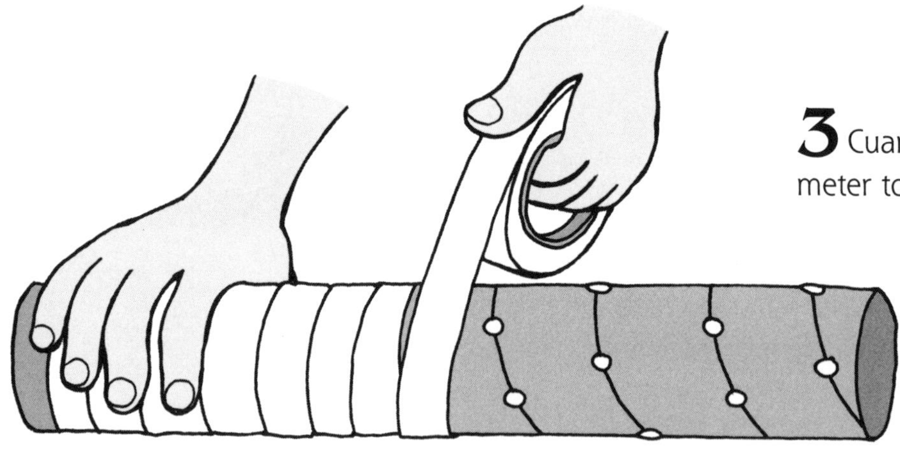

3 Cuando termines de meter todos los clavos, cuidadosamente envuelve la cinta adhesiva alrededor de todo el tubo para sujetar los clavos en su lugar.

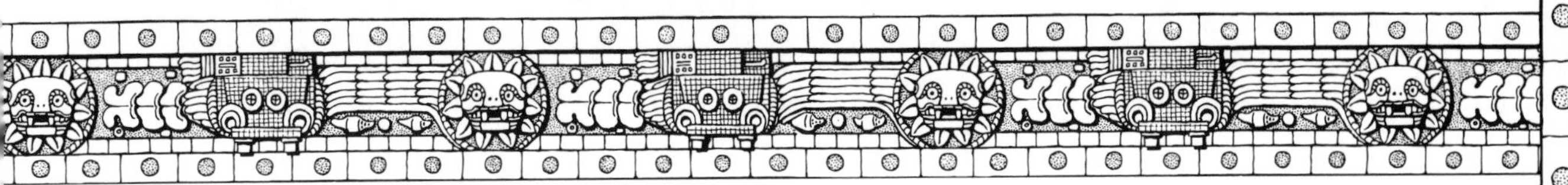

4 Corta dos círculos de la cartulina un poco más grandes que las puntas del tubo. Pon uno de los círculos de papel sobre una punta del tubo y sujétalo con una banda elástica. Cubre el círculo y la banda elástica con cinta para que toda esa punta del tubo esté sellada.

5 Vierte un manojo de arroz o frijoles dentro del tubo por la punta abierta. Cubre esta punta abierta con tu mano, e inclina el tubo para escuchar el sonido de tu palo de agua. Agrega o quita arroz o frijoles hasta conseguir el sonido que más te guste. Los frijoles sonarán más fuerte que el arroz, el cual sonará más suave.

6 Coloca el segundo círculo de papel sobre la punta abierta del tubo, sujétalo con una banda elástica y séllalo con cinta adhesiva. Decora tu palo de agua como más te guste.

7 Inclina tu palo de agua una y otra vez. ¡Agítalo, golpéalo suavecito y disfruta del sonido!

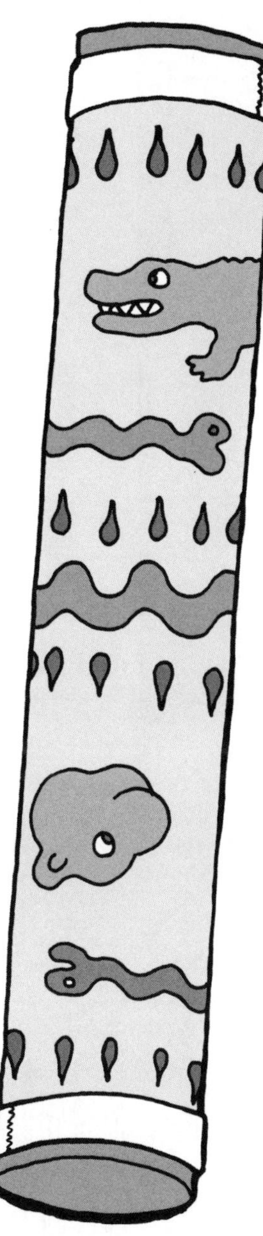

Los mayas creían que el pedernal producía chispas porque contenía el espíritu del relámpago.

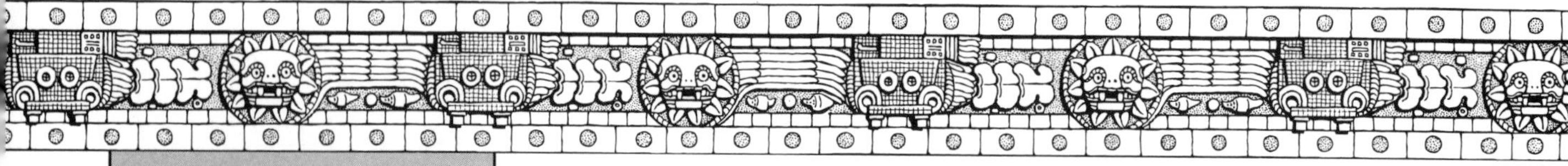

MATERIALES

caja de cartón resistente, como una caja de pizza —cuanto más ancha sea la caja, más ancho será tu pedazo de tela (una caja de zapatos puede ser muy endeble para aguantar el hilo)

tijera

regla

lápiz

hilo resistente de algodón o lino

cinta adhesiva

hilo de tejer de varios colores

Construye tu propio HUSO Y TELA

Esta actividad te ayuda a ver todo el trabajo que tenían que hacer las mujeres mayas para tejer a mano la ropa de toda la familia.

1 Corta la parte de arriba (o las solapas) de la caja de cartón. Usando tu regla y lápiz, haz una marca cada ¼ de pulgada en los dos lados opuestos del cartón (cada ½ centímetro). Asegúrate de que las marcas de un lado se alineen con las del otro lado. Luego haz cortes de 1 pulgada (2½ centímetros) en cada marca.

2 Ahora tienes que hilar tu urdimbre, o los hilos a lo largo del tejido. Sujeta la punta de tu hilo en la parte de abajo o el costado de tu caja de cartón (tu telar) con un pedazo de cinta adhesiva. Desliza el hilo dentro del primer corte de un lado y suavemente jálalo por el telar y hacia el corte correspondiente del otro lado. Envuelve el hilo de la urdimbre por abajo, jalándolo hacia el siguiente corte en el otro lado de la caja. Continúa envolviendo la urdimbre alrededor de la caja hasta que todos los cortes estén llenos. Tensa los hilos sueltos para equilibrar la tensión, y luego sujeta el otro lado de la urdimbre abajo o al costado con un pedazo de cinta adhesiva.

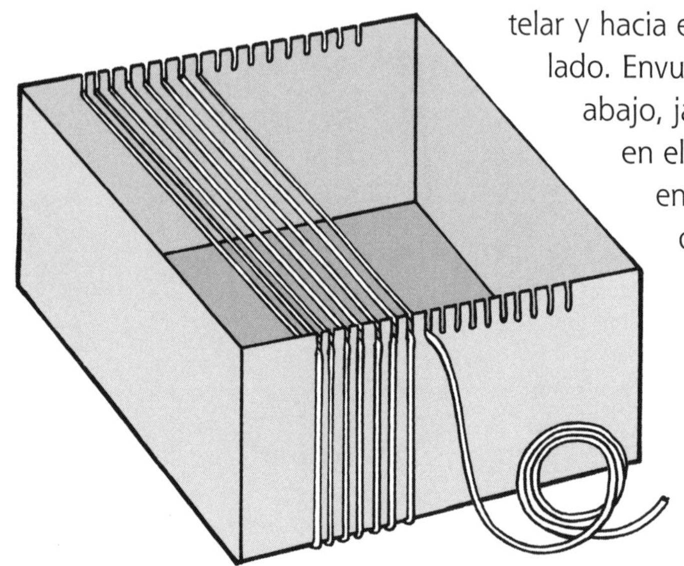

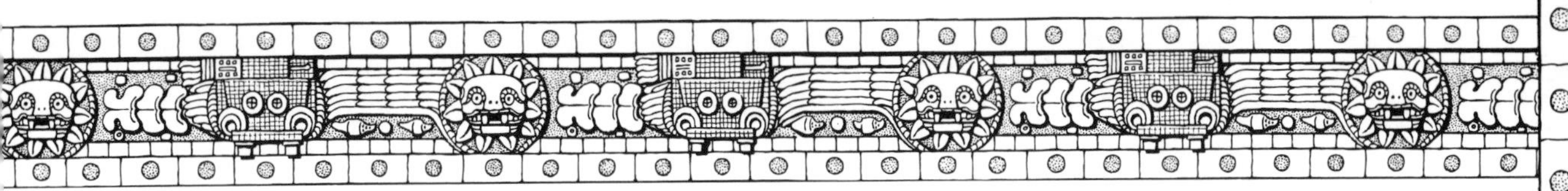

3 ¡Ahora tu telar está listo para el tejido! Elige el hilo con el que quieras comenzar y ata una punta con el primer hilo de la urdimbre. Envuelve el otro lado del hilo para tejer alrededor de tu lápiz. Pon un pedazo de cinta adhesiva alrededor del lápiz para sujetar el hilo.

4 Empuja el lápiz debajo del primer hilo de la urdimbre y sobre el próximo, y así con todos los siguientes hilos de la urdimbre hasta haberlos tejido a todos. Comienza la segunda hilera tejiendo hacia la dirección de la que acabas de venir. Nota que debes tejer la segunda hilera en dirección opuesta a la primera, pasando por los hilos de la urdimbre que acabas de tejer.

5 Para cambiar el color o la textura del hilo mientras tejes, ata una punta del hilo nuevo a la punta del hilo viejo, y la otra punta del hilo nuevo al final del lápiz. Asegúrate de empujar el nudo hacia adentro del tejido. Después de cada dos hileras, suavemente jala todo el hilo para asegurarte de que la tela esté ceñida y pareja. Solo ten cuidado de no jalarlo demasiado porque si está demasiado ceñida, la tela no tendrá bordes derechos.

6 Cuando hayas tejido tu tela y hayas llenado tu telar, puedes terminarla atando el hilo de tejer al último hilo de la urdimbre. Luego corta todos los hilos de la urdimbre de tu telar de cartón y ata los pares de hilos de cada lado juntos en un nudo para terminar tu tela.

MATERIALES

modelo de una rueda de madera de auto, entre 2 y 3 pulgadas de diámetro (23 centímetros) (disponible en la mayoría de las tiendas de manualidades)

espiga de madera que entrará justo en el centro del agujero de la rueda

regla

lápiz

cuchillo dentado

sacapuntas eléctrico

algodón de las botellas de vitaminas o un paquete de algodón crudo de una tienda de hilos

Construye tu propio MALACATE MAYA

El acto de hilar tomará algo de práctica, pero este malacate te ayudará a aprender cuán habilidosos eran los mayas con esta manualidad. ***Esta actividad requiere del uso de un cuchillo afilado, así que pídele ayuda a un adulto.***

1 Usando una regla, marca 9 pulgadas (23 centímetros) del final de tu espiga de madera. Pídele a un adulto que cuidadosamente corte la espiga con un cuchillo con serrucho donde está la marca.

2 Empuja a la espiga por el agujero de la rueda del auto lo suficiente como para que 2 pulgadas (5 centímetros) de la espiga estén debajo de la rueda.

3 Usando un sacapuntas eléctrico, sácale punta a cada punta de la espiga.

4 Siéntate en el piso con tus piernas cruzadas como un antiguo maya. Puedes colocar el malacate en un bol pequeño para que permanezca en su lugar mientras lo giras. Humedece la punta afilada de tu malacate con tu lengua. Sostén tu malacate en tu mano derecha y el algodón en la izquierda. Pincha la punta de arriba de la espiga en el borde del algodón, girando la espiga hacia la derecha (en dirección a las agujas del reloj) hasta que se enganchen algunas de las fibras del algodón.

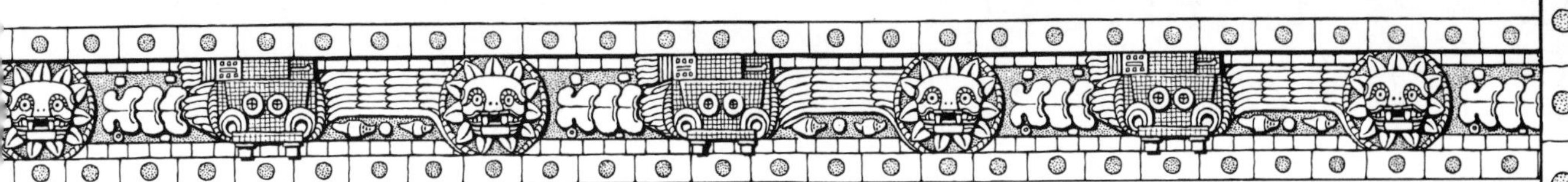

5 Mientras giras la espiga con tu mano derecha, debe estar levemente inclinada hacia la izquierda, a un ángulo de casi 45 grados. Usa tu mano izquierda para suavemente jalar las fibras del algodón hacia arriba y lejos de la punta de la espiga. Las fibras de algodón son muy cortas, así que no jales demasiado del algodón o las fibras se despegarán totalmente. La manera más fácil de sostener el algodón es entre los primeros dos dedos de tu mano. Luego usa tu pulgar y el tercer dedo para alisar el hilo.

6 Cuando hayas logrado hilar alrededor de 10 pulgadas (25 centímetros) de hilo fino, enrolla el hilo alrededor del mango del malacate justo arriba de la rueda. Continúa enrollando el hilo en el mango hacia arriba hasta que hayas usado todo el pedazo de algodón.

7 Al principio, esto puede parecer difícil, pero si sigues practicando, ¡rápidamente te acostumbrarás! Si quieres, una vez que tengas tres o cuatro pedazos de hilo, los puedes teñir y trenzarlos juntos para hacer una pulsera.

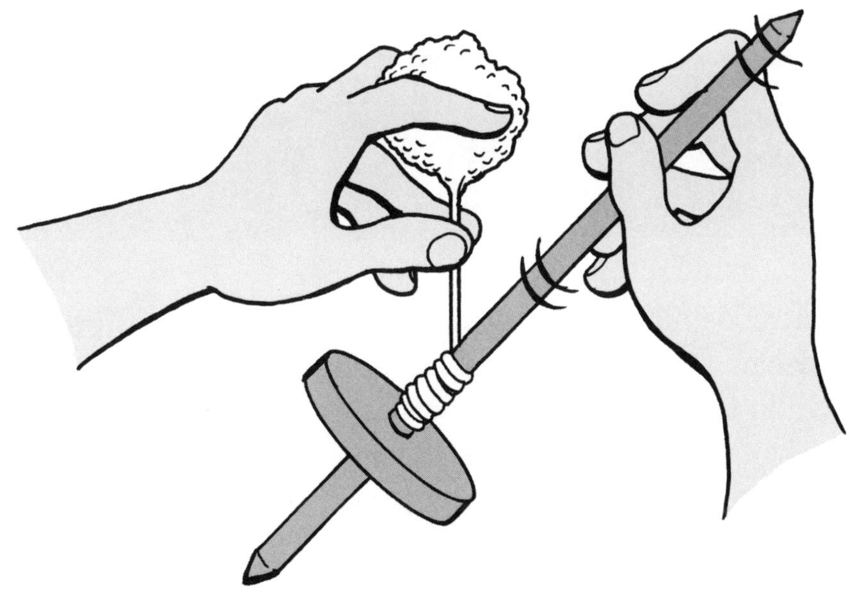

CAPÍTULO 6

SEIS

LOS NIÑOS MAYAS

El nacimiento de un niño era el evento más importante en la familia maya. El parto era considerado una señal de buena suerte y una muestra de la riqueza de una familia. Cada día del año tenía un nombre específico para los niños y las niñas. La mayoría de los bebés mayas recibía el nombre del día en que nacía.

A los cinco años, los niños trabajaban en los campos con sus padres y las niñas ayudaban a sus madres a cocinar, limpiar, hilar, tejer y hacer alfarería. Cuando los niños tenían alrededor de tres años de edad, sus madres les ataban una cuenta blanca en sus cabellos para mostrar su **pureza**. Cuando llegaban a la **pubertad**, a eso de los catorce años de edad, un chamán les quitaban la cuenta en una ceremonia llamada el Descenso de los dioses.

Los niños entonces se mudaban a una casa con otros varones jóvenes hasta que sus padres decidieran que era hora de casarlos, a eso de los diecinueve años de edad. Los hombres jóvenes pintaban sus cuerpos y caras de color negro antes de casarse y rojo después.

PALABRAS ÚTILES

pureza: inocencia o libertad de culpa y mal.

pubertad: cuando el cuerpo de un niño hace la transición a un cuerpo adulto.

Símbolo maya para perro.

Cuando las niñas mayas eran pequeñas, sus madres les ataban una concha de mar roja diminuta alrededor de sus cinturas con un hilo. Cuando llegaban a los doce años de edad, se las quitaban. A las niñas en general las casaban para cuando tenían catorce años. Hasta casarse, las niñas no podían mirar a los hombres a los ojos. Si una niña se encontraba con un hombre en un camino, se hacía a un lado y le daba la espalda hasta que pasara.

¿SABÍAS?

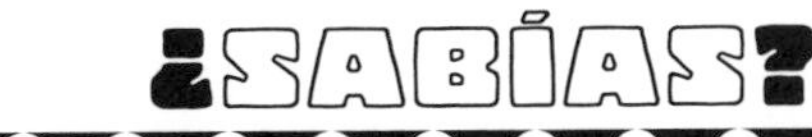

Los mayas tenían perros como mascotas al igual que nosotros. Sus perros en general no tenían pelo y podían sudar a través de su piel. Esto es raro para un perro porque la mayoría solo puede refrescarse jadeando.

Lo que los niños mayas hacían durante el día dependía del estatus de sus familias. Los niños de la nobleza y la clase alta tenían más tiempo para jugar, mientras que los niños de los plebeyos, agricultores y constructores tenían que ayudar con los cultivos y las tareas. Los arqueólogos han encontrado algunos juguetes de los antiguos mayas, incluyendo una estatua de un jaguar hecha de arcilla.

La belleza maya

La idea maya en cuanto a la belleza era parecerse al dios del maíz. Esto significaba que preferían cabezas largas y cabello largo y suelto. Para cambiarle la forma a la cabeza de un recién nacido de redonda a larga, apretaban el cráneo tierno del bebé entre dos tablas durante unos días justo después de su nacimiento. También ataban tablas de madera contra la frente del bebé para aplanarla y hacer que se inclinara hacia atrás. Esto cambiaba la forma de la cabeza del niño para siempre. Los mayas también consideraban que los ojos bizcos eran hermosos. Los padres colgaban objetos en frente de los ojos del recién nacido hasta que estuviera permanentemente bizco. A los niños más grandes les afilaban sus dientes adultos en forma de punta o la letra T. Seguramente como iniciación a la adultez, se les taladraba agujeros en los dientes de adelante y se los decoraba con jade, obsidianas o hematites.

Un festival de familia importante que todavía se celebra hoy en día tiene raíces en la historia maya. Según la leyenda, los espíritus de los muertos vuelven a México cada año con la migración anual de las mariposas monarcas. El Día de los Muertos es un feriado tradicional familiar dedicado a celebrar y honrar a nuestros antepasados. La gente se disfraza de fantasmas y calaveras. Las familias van al cementerio donde limpian las tumbas de sus antepasados y las decoran con flores y velas. En el cementerio se hace un picnic con comida especial.

Atole es una bebida caliente tradicional de Mesoamérica hecha de maíz. Hoy en día, en México, es una bebida común en el Día de los Muertos.

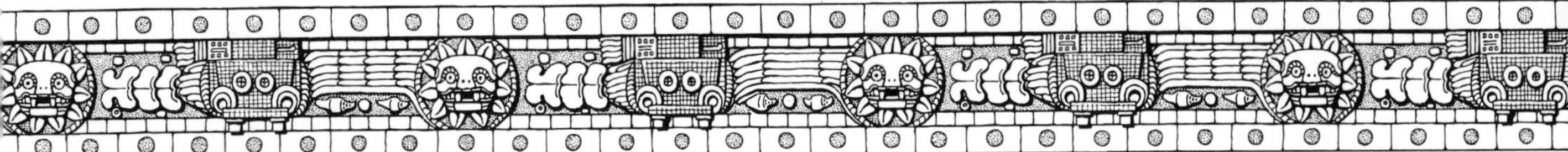

MATERIALES

½ taza de harina masa (64 gramos)

¼ taza de agua caliente (60 mililitros)

5 tazas de agua (alrededor de 1 litro)

licuadora

olla mediana

4 cucharadas de piloncillo cortado (azúcar mexicana morena sin refinar) o ¼ taza de azúcar morena (alrededor de 55 gramos) mezclado con 2 cucharaditas de melaza

canela

Prepara tu propio *ATOLE* MEXICANO

Fíjate si te gusta esta bebida que los mexicanos siguen preparando para el Día de los Muertos. *Pídele a un adulto que te supervise mientras usas la cocina.*

1 Combina la harina masa y el agua caliente y vierte la mezcla en una licuadora, licuando hasta que esté suave. Luego vierte la mezcla en la olla y calienta a fuego medio.

2 Una vez que la mezcla se haya espesado, agrega el piloncillo o el azúcar morena con la melaza y revuelve hasta que esté completamente disuelto. Retire de la cocina y vierte en tazas. Espolvorea con canela antes de servir.

El Día de los Muertos hoy

Hoy en día, el Día de los Muertos es más popular en México, donde se considera un feriado nacional. Es una celebración alegre, en honor a las vidas de los antepasados. Según la versión actual del feriado, las almas de los niños muertos vuelven a la Tierra el 1 de noviembre, y los espíritus adultos los siguen el 2 de noviembre. Entre el 31 de octubre y el 2 de noviembre, las familias limpian las lápidas de sus seres queridos previo a llenarlos de dulces, comida y juguetes. Algunas familias pasan la noche en el cementerio; traen almohadas y cobijas para que sus antepasados muertos puedan descansar después de su largo viaje desde los bajos fondos. Las galletas de azúcar, calaveras de azúcar y el atole son populares durante este feriado. En algunas partes del país, los niños disfrazados caminan por las calles pidiendo *calaverita*, un pequeño regalo de dinero.

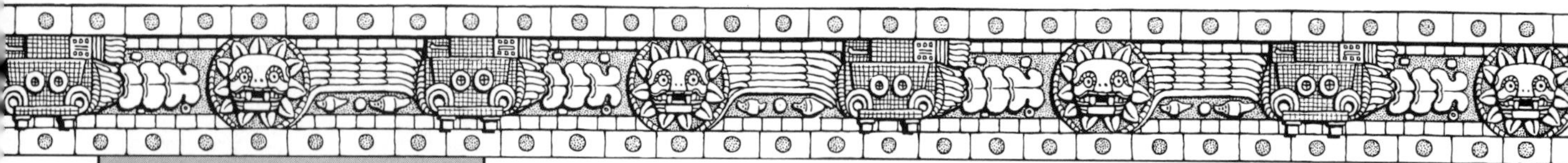

MATERIALES

2 globos (y algunos más por si se revientan)

cinta de enmascarar

2 tubos de papel higiénico cortados por la mitad o 1 de toallas de papel cortado en 4 pedazos

tazón a prueba de microondas

6 tazas de agua (1½ litros)

3 tazas de harina (375 gramos)

hojas enteras de diario

hojas de diario cortadas en tiras delgadas

aguja de coser o tijera

pintura para manualidades (negra, marrón o blanca)

pincel

barniz en aerosol

2 espigas de ¼ de pulgada (½ centímetro)

4 ruedas de madera con agujeros suficientemente grandes para que quepan las espigas

arcilla

Construye tu propia RÉPLICA DE UN JUGUETE MAYA PARA NIÑOS

Al hacer este perro casero sobre ruedas y dárselo a un niño pequeño, verás cómo disfrutaban los niños mayas sus juguetes con ruedas y cuerdas. ***Pídele a un adulto que te supervise al usar la aguja de coser.***

1 Infla un globo para formar el cuerpo del perro. Ata un nudo alrededor del cuello del globo. Infla un globo más pequeño para la cabeza del perro. Une este globo más pequeño con el más grande con la cinta de enmascarar.

2 Utiliza la cinta de enmascarar para pegar los cuatro pedazos de tubos de cartón al globo más grande. Estas serán las patas del perro.

3 Calienta el agua en el microondas. Mezcla la harina en el agua hasta hacer una pasta espesa. Coloca unas hojas de diario sobre tu área de trabajo. Moja las tiras de papel de diario en la pasta, una por una, así no quedan todas empapadas. Coloca las tiras sobre la cabeza, el cuerpo y las piernas del perro hasta tener alrededor de cuatro capas. ¡Esto es muy desordenado, pero divertido!

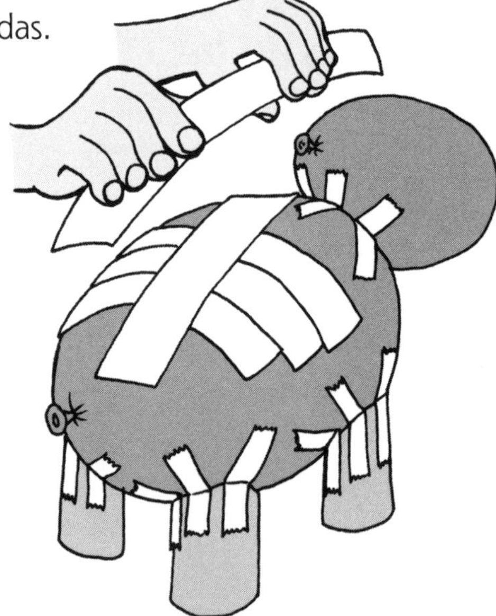

4 Deja a tu perro a un lado durante un par de días para que se seque. Quizá quieras poner un vaso u otro tipo de apoyo debajo de la cabeza del perro mientras se seca así no se cae.

5 Cuando tu perro esté seco, pincha los globos con la aguja de coser o una tijera. Pinta tu perro blanco o marrón (¡o con manchas!). Usa la pintura negra para rellenar los rasgos, como las orejas, los ojos, la cola y la nariz. Rocía tu perro con al menos una capa de barniz para que la pintura tenga menos posibilidades de saltarse.

6 Haz agujeros en ambos lados de las piernas. Mete las espigas por cada par de patas y coloca las ruedas en cada espiga.

7 Pon una bola pequeña de arcilla en cada punta de las espigas para que no se salgan las ruedas.

Las ruedas mayas

¿Los mayas sabían acerca de la rueda? Los expertos creen que sí. Los antiguos mayas seguramente no usaban carros con ruedas porque el terreno era tan irregular. Los carros tendrían que haber sido empujados cuesta arriba y probablemente se hubieran quedado empantanados en las zonas embarradas y fangosas. Los mayas no tenían animales de carga, como los burros o los caballos, por ende tendrían que haber llevado los carros ellos mismos. El único animal que los mayas podrían haber usado para cargar sus bienes era la llama, pero las llamas no son lo suficientemente robustas para tirar de carros con ruedas. Sin embargo, ¡los mayas sí les ponían ruedas a los juguetes de los niños!

CAPÍTULO 7

SIETE

LOS JUEGOS

Cada día 20, los mayas hacían un festival religioso en honor a los dioses y las diosas. Los juegos de pelota eran una parte importante de la celebración. La gente de los alrededores caminaba a la ciudad más cercana para ver los juegos.

Pok-A-Tok

Uno de los juegos más conocidos que jugaban los mayas era un juego de pelota impetuoso llamado Pok-A-Tok. Se cree que fue creado alrededor de 2000 a. n. e. y se jugaba en toda ciudad maya importante.

Los equipos de Pok-A-Tok en general tenían de uno a cuatro jugadores, quienes a menudo trabajaban en parejas. El objetivo del juego era meter la pelota en un aro angosto de piedra que se encontraba en la pared de la cancha, a veinte pies (seis metros) del piso. Los jugadores no podían usar ni sus manos ni sus pies, solo sus cabezas, hombros, codos, muñecas y caderas.

Para los mayas, el Pok-A-Tok era más que un juego: era un símbolo de la lucha de la vida contra la muerte, y la guerra y la caza. En general, solo la nobleza podía jugar y solo los sacerdotes podían entrenar a los equipos. A menudo, sacrificaban al equipo perdedor a los dioses, mientras que el ganador disfrutaba de un festín. Algunos creen que los ganadores también eran sacrificados, y ganaban una entrada directa al cielo.

El deporte era tan difícil que los juegos podían durar días, acabando cuando un jugador finalmente lograba meter la pelota dentro del aro en la pared.

Los mayas a veces jugaban Pok-A-Tok solo para divertirse. Los jugadores usaban almohadillas protectoras alrededor de sus cinturas, una espinilla y un antebrazo porque la pelota dura, de caucho sólido, podía realmente lastimarlos o matarlos. Las pelotas estaban hechas de caucho del árbol *cau-uchu* y eran igual de grandes que una pelota de baloncesto de hoy en día. La almohadilla, llamada yugo, era un armazón de madera relleno de algodón.

La cancha más grande de Mesoamérica se encuentra en las ruinas de Chichén Itzá, en la Península de Yucatán en México. La Gran Cancha de Chichén Itzá tiene 545 pies de largo y 225 pies de ancho (166 por 69 metros). Las paredes de la cancha están cubiertas por tallas que representan los sacrificios que se hacían al final del juego. Junto a la cancha hay una plataforma de piedra decorada con cientos de calaveras talladas —un recordatorio visual de que muchos jugadores perdieron sus cabezas.

Bul

Algunos expertos creen que los antiguos mayas jugaban un juego de azar llamado *bul*. En el idioma maya, la palabra *bul* significa "dados". Pero *bul* también era un juego de guerra: el objetivo del juego era "matar" a tu rival.

Este juego lo jugaban los adultos y los niños, en general de clase adinerada, quienes tenían sirvientes y más tiempo para actividades de ocio. Aunque los expertos no están exactamente seguros de cómo jugaban este juego los antiguos mayas, es posible que lo hayan jugado de la misma manera que lo hacen los mayas que viven hoy en día en Guatemala.

El increíble árbol de caucho

Los arqueólogos han descubierto que, para 1600 a. n. e., muchos pueblos de Mesoamérica usaban caucho. El caucho se cultivaba en la selva tropical y las tierras bajas y luego se comerciaba en los alrededores. No solo se usaba para hacer pelotas. El caucho se usaba para sujetar piedras con asas de madera, para cerrar bolsas con aguja, para hacer prendas impermeables y para hacer baquetas para tambores de madera. Los mayas hasta cubrían sus pies con capas de caucho para hacer un tipo de zapato. Al caucho también lo usaban los chamanes para tratar heridas en los labios y las orejas.

PALABRAS ÚTILES

látex: un líquido lechoso que se encuentra en muchas plantas.

Para cosechar el caucho, los mayas hacían cortes diagonales en la corteza de los árboles *cau-uchu* para drenar el **látex** dentro de sus recipientes. Los expertos creen que el caucho se combinaba con el jugo de la enredadera de campanillas para hacer un sólido. Esto hacía que el caucho fuera resistente, fuerte y muy elástico —perfecto para rebotar. Antes de que se endureciera, lo cual ocurría en minutos, los mayas podían darle forma para hacer una pelota del tamaño que quisieran.

MATERIALES

19 granos de maíz seco

superficie plana para jugar (piso o mesa)

marcador negro

5 piezas de juego para cada jugador, como monedas o discos planos de arcilla

¡JUEGA AL BUL!

Esta es la versión de *Bul* que los mayas siguen jugando hoy en día en Guatemala.

1 Para comenzar el juego, debes hacer tu "tablero". Simplemente coloca 15 granos de maíz en una línea recta, cada uno a unas 2 pulgadas (5 centímetros) de distancia del otro, horizontalmente entre tú y tu rival. Al jugar, moverás tus cinco piezas de juego en los espacios entre los granos de maíz.

2 Haz tus "dados" de cuatro granos de maíz. Usa el marcador para dibujar un puntito en uno de los lados del grano. Cuando tiras los granos, consigues un punto por cada puntito que está mirando hacia arriba cuando caen los granos. Si cuatro lados en blanco miran hacia arriba, ¡recibes cinco puntos!

3 También tienes que hacer tus cinco piezas del juego. Los antiguos mayas podrían haber usado pedazos de algodón, palos o piedras. Tú puedes hacer las tuyas de arcilla, pero asegúrate de que cada pieza sea del mismo tamaño y forma y que pueden apilarse una encima de la otra (por eso, unos discos planos son lo ideal). Si tus piezas son todas del mismo color, pinta un grupo de otro color así puedes distinguir las tuyas de las de tu contrincante.

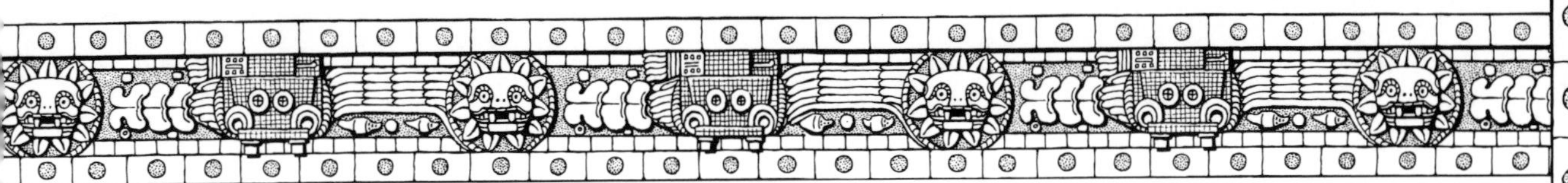

4 El juego termina cuando un jugador pierde todas sus piezas. Aquí están las reglas que debes saber para jugar:

- Los jugadores deben colocar sus piezas en la punta del tablero que está a su derecha. Los jugadores se sientan cara a cara, así cada uno se mueve por el tablero de derecha a izquierda.
- El jugador que va primero es el que saca el mayor número de puntos al tirar los cuatro dados.
- El jugador que empieza tira los dados otra vez y luego mueve una pieza de juego el número de veces indicado. Un punto significa que una pieza se mueve un espacio hacia la izquierda.
- El segundo jugador luego tira los dados y entra al tablero desde su punta, así las piezas opuestas se están moviendo la una en dirección de la otra.
- En la segunda ronda, los jugadores pueden mover la primera pieza más hacia la izquierda o pueden agregar una segunda pieza al tablero.
- No puedes colocar dos de tus propias piezas en un mismo espacio, pero sí puedes caer en un espacio ocupado por tu contrincante. Cuando pasa esto, puedes capturar la pieza cubriéndola con la tuya. En la siguiente ronda, mueve las piezas juntas hacia el final del tablero.
- Si logras mover esta pieza hasta el final del tablero sin que tu rival caiga encima de ti, te puedes quedar con la pieza de tu contrincante y puedes colocar tu pieza en el tablero nuevamente al entrarla por la derecha.
- ¡El juego se pone muy emocionante si tu contrincante cae sobre una pieza capturada! Cuando pasa esto, la pieza de tu rival queda encima de la pila (que ahora tiene tres niveles), y ahora debe moverse hacia el final del tablero del lado de tu contrincante (a su izquierda). Si tu rival logra llegar al final del tablero sin que tú caigas sobre las piezas, sus piezas pueden volver a entrar al tablero y tu pieza queda fuera del juego. ¿Qué tal ese golpe de suerte?

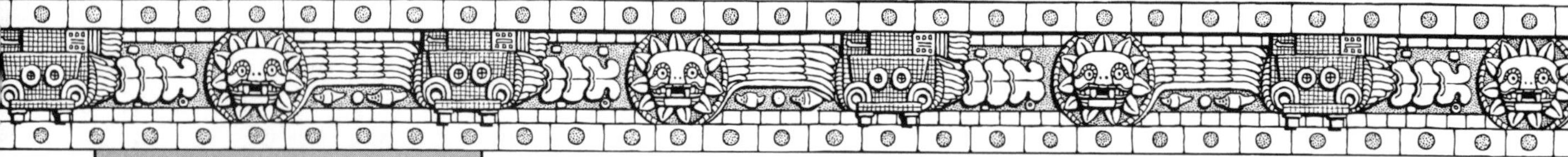

MATERIALES

MÉTODO I:

papel de aluminio

bandas elásticas

MÉTODO II:

frasco de cemento de goma

cepillo

Construye tu propia PELOTA DE CAUCHO

Esta actividad te mostrará dos maneras de hacer tu propia pelota de caucho. El primer método es más fácil y más rápido. El segundo es más auténtico porque es todo de caucho, pero requiere más tiempo y un lugar ventilado.

Método I:

1 Toma una hoja de papel de aluminio y arrúgala, formando una pelota. La pelota de aluminio puede ser de cualquier tamaño, pero cuanto más grande sea, más bandas elásticas necesitarás para recubrirla. También puedes usar solo bandas elásticas y empezar con varias dobladas y envueltas unas alrededor de las otras.

2 Estira las bandas elásticas por encima de la pelota de aluminio, una a la vez, hasta que esté completamente cubierta. Asegúrate de estirar las bandas elásticas completamente alrededor de la pelota, así esta se mantiene lo más redonda posible. Agrega cada banda elástica en un ángulo diferente así tu pelota crece de forma pareja hasta que llegue al tamaño que desees.

Método II:

1 Extiende una capa delgada de cemento de goma sobre una superficie plana. Deja que se seque durante unos minutos.

2 Comienza a empujar tus dedos alrededor del cemento de goma. Se despegará y de a poco se pegará a sí mismo. Ruédalo para formar una pelota.

3 Extiende otra capa de cemento de goma sobre tu superficie de trabajo. Una vez que se haya secado durante unos minutos, rueda tu pelota sobre esta nueva capa. Se va a adherir a tu pelota. Sigue haciéndola rodar y todo el cemento de goma se convertirá gradualmente en una pelota más grande.

4 Repite este proceso todas las veces que quieras, haciendo tu pelota de caucho del tamaño que desees.

MATERIALES

2 hojas de papel

lápiz o bolígrafo

cinta adhesiva

una pelota

Juega una versión de POK-A-TOK

Las reglas de esta versión de Pok-A-Tok son muy simples, y lo puedes jugar tú solo o con amigos. Encuentra un lugar con dos paredes altas donde puedes hacer rebotar una pelota.

1 Dibuja un círculo con un diámetro de 5 pulgadas (13 centímetros) en cada hoja de papel. Si estás jugando solo, necesitarás una sola hoja y una pared.

2 Pega el papel en las paredes opuestas un poco más arriba de tu cabeza para comenzar. Aunque puedes comenzar el juego con cualquier altura, recuerda que cuanto más alto esté el blanco, mayor será el desafío.

3 Si estás jugando con un grupo, divídanse en dos equipos con la misma cantidad de jugadores. Trabajando juntos, intenten pegarle al centro del círculo del blanco de tu equipo con la pelota de goma sin usar las manos. El otro equipo intentará quitarles la pelota para darle al blanco de ellos, pero ellos tampoco pueden usar las manos.

4 El primer equipo en darle al blanco suma un punto. Cuando ambos equipos han conseguido un punto en su blanco, mueve el blanco más arriba. O haz que el juego sea más desafiante al solo usar tus pies, piernas y cabeza. Trata de imaginarte estar jugando Pok-A-Tok como lo hacían los mayas, con una pelota de caucho pesada y un aro a 20 pies de altura (6 metros) —¡y recuerda que el castigo al perder dentro de la cultura maya antigua era la muerte!

CAPÍTULO 8

LA ESCRITURA

Uno de los logros más impresionantes de los mayas era su complejo sistema de escritura. De hecho, de las varias sociedades que vivieron en Mesoamérica, solo los mayas desarrollaron un sistema completo de comunicación escrita. Esto quiere decir que solo los mayas podían escribir cada sílaba hablada en su idioma.

Jeroglíficos: la comunicación a través de los dibujos

La tarea de escribir recaía en los escribas, quienes escribían con jeroglíficos, una de las formas más bonitas de escritura del mundo. Los jeroglíficos parecen dibujos muy detallados de las caras de humanos y animales, círculos, cuadrados y líneas serpenteantes.

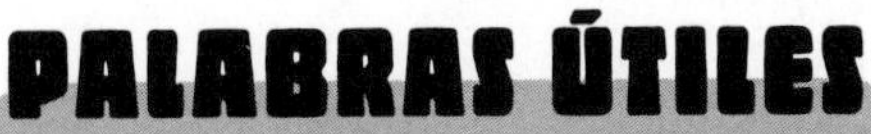

destacado: importante.

particular: especial o único.

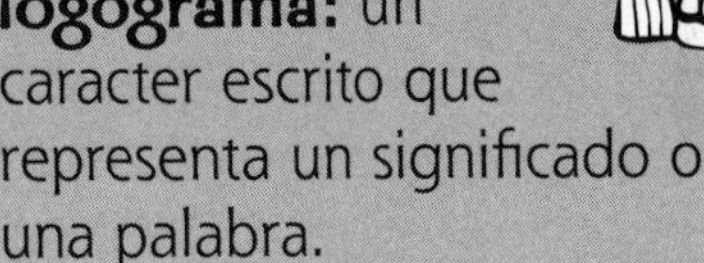

logograma: un caracter escrito que representa un significado o una palabra.

Los escribas ayudaban a los sacerdotes a registrar sus cálculos y predicciones. Otro trabajo importante de los escribas era registrar eventos importantes, como las guerras y los nacimientos de los hijos de los reyes. Como la escritura maya requería de bastante habilidad y memoria, los escribas disfrutaban de una posición **destacada** dentro de la sociedad. Muchos escribas eran parte de la familia real, lo cual les permitía asistir a escuelas donde les enseñaban a escribir. Los hombres y las mujeres escribas usaban una toca **particular** que les hacía saber a quienes los vieran que eran escribas. En los murales y las cerámicas mayas, se ve que las tocas de los escribas llevaban un atado de palos. Estos atados de palos representaban las herramientas de su oficio: pinceles y plumas.

Símbolo maya para libro.

¿SABÍAS?

La lengua escrita de los antiguos mayas es un sistema complejo de sonidos, dibujos y logogramas. Algunos de los jeroglíficos representan sílabas individuales, algunos son dibujos que representan una palabra o idea, y algunos representan una palabra o frase hablada.

PALABRAS ÚTILES

estuco: un acabado para las paredes exteriores, generalmente hecho de una mezcla de cemento, arena, caliza y agua, que se aplica mientras está húmeda.

Los escribas usaban jeroglíficos para comunicar números, fechas, objetos, títulos, eventos, lugares y nombres. Escribían sobre varias superficies, como la cerámica, los huesos humanos y de animales y las conchas de mar. También tallaban jeroglíficos en **estuco**, madera y piedras decorativas, como el jade. Los jeroglíficos en los murales de los palacios y templos se consideraban tan sagrados que solo la nobleza y los sacerdotes podían mirarlos.

Sin importar dónde dejaran su marca, los escribas tenían dos objetivos: preservar la historia de sus reyes y hacer que sus reyes se vieran poderosos.

Los expertos han estado estudiando los jeroglíficos mayas desde que Stephens y Catherwood publicaron *Incidents of Travel in Yucatán (Incidentes de viaje en Yucatán)* en 1843. Pero a los investigadores les llevó más de cien años realmente comprender el idioma maya. Lo primero que descubrieron los expertos fue que algunos de los símbolos mayas representaban períodos de tiempo. En 1958, un experto llamado Heinrich Berlin descubrió que los jeroglíficos identificaban lugares específicos. Otra experta, Tatiana Proskouriakoff, fue la primera en comprobar que ciertos jeroglíficos registraban el reinado de los reyes mayas. Finalmente, en 1973, los expertos lograron descifrar el idioma maya. Hoy en día, ya conocen el significado del 90% de sus jeroglíficos.

Muchos de los jeroglíficos representan una sola sílaba. ¡Hay aproximadamente 800 símbolos! Los escribas hilaban palabras y oraciones al escribir una combinación de estos símbolos. Los escribas en general escribían oraciones con esta estructura: número de distancia–fecha–verbo–objeto–sujeto. El número de distancia es una fecha que le dice al lector el número de días, semanas, meses y años que transcurrieron entre un evento descrito en previas oraciones y un evento descrito en la oración presente.

Una de las razones por las cuales les llevó tanto tiempo a los expertos comprender el idioma maya es que muchos jeroglíficos representaban la misma sílaba. Por ejemplo, ¡existen por lo menos cinco jeroglíficos diferentes que un escriba maya podía usar para la sílaba *ba*! Además, muchos jeroglíficos son logogramas. Entonces, mientras los escribas usaban múltiples jeroglíficos para escribir una palabra fonéticamente, sílaba por sílaba, otros escribas usaban un solo jeroglífico para representar una palabra entera.

Algunos escribas, por ejemplo, elegían escribir el nombre Pacal el Grande usando un jeroglífico "escudo" porque Pacal quiere decir "escudo". Otros escribas decidían escribir su nombre fonéticamente, como "pa-ca-la". Esto se asemeja a elegir escribir las cuatro letras de "baño" en la puerta de un baño público o simplemente dibujar una figura de un hombre o una mujer.

Cada escriba escribía los jeroglíficos con su propio estilo. A los expertos les llevó mucho tiempo darse cuenta de que los jeroglíficos que se parecían eran, en realidad, los mismos.

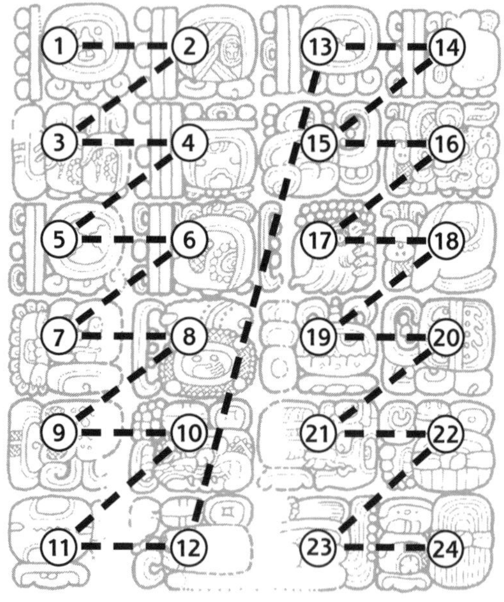

Todos los escribas usaban el mismo formato para presentar su información. Usaban columnas dobles, apiladas para hacer oraciones. El primer jeroglífico estaba arriba a la izquierda, y el segundo estaba justo a la derecha del primero. El tercer jeroglífico estaba debajo del primero, y el cuarto estaba debajo del segundo. Esto continuaba en un patrón en forma de zigzag hasta el final de la columna. La próxima columna doble comenzaba nuevamente arriba.

Al tallar jeroglíficos en estelas, los escribas primero los bosquejaban con tinta. Cuando lograban la disposición correcta, usaban mazos de madera y herramientas con puntas de pedernal o cuarzo para tallar la suave caliza.

Códices: libros antiguos

Aunque los escribas escribían en varios lugares diferentes, pasaban la mayoría de su tiempo escribiendo en libros especiales hechos de papel llamados códices. Dentro de estos libros, los escribas fielmente registraron siglos de historia maya, cálculos astronómicos, prácticas religiosas, viajes y caza, y predicciones de cuándo ocurriría un eclipse de sol.

De los miles de códices creados, solo quedan cuatro hoy en día. Esto es porque durante la conquista española de los mayas, los soldados españoles quemaron los códices.

PALABRAS ÚTILES

pagano: alguien que venera muchos dioses, o que tiene poco o nada de religión.

horóscopo: una predicción del futuro de una persona basada en la posición de los planetas y las estrellas.

profecía: una predicción del futuro.

falsificación: una copia, no el original.

Los españoles destruyeron los códices **paganos** porque creían que eran el trabajo del diablo. Tres de los códices se han descubierto en bibliotecas europeas. Los expertos creen que terminaron en Europa cuando los exploradores españoles los mandaron a sus casas como recuerdos. Estos códices llevan el nombre de las ciudades en donde se encuentran ahora: Dresden, Alemania; Madrid, España; y París, Francia.

El Códice de Dresden habla de la astronomía e incluye cuadros para predecir eclipses solares. El Códice de Madrid incluye **horóscopos** y **profecías**, y el Códice de París destaca los rituales y las ceremonias mayas. Un cuarto códice, llamado el Códice de Grolier, habla sobre cómo el planeta Venus afectaba la religión y la astrología mayas. Fue expuesto por primera vez en el Grolier Club en la ciudad de Nueva York y puede llegar a ser una **falsificación**. Aunque nadie sabe dónde fue descubierto, el Códice de Grolier ahora se encuentra en la Ciudad de México.

¿Por qué fue que los españoles quemaron los códices?

Diego de Landa (1524–1579), el sacerdote español a cargo de convertir a los mayas al cristianismo, ordenó la quema de los códices mayas. Como muchos de los escritos eran registros de las ceremonias religiosas de los mayas, de Landa los consideraba anticristianos y por ende malvados. Quemó miles de los códices en enormes hogueras. En su diario, de Landa escribió que los mayas estaban muy molestos porque él había destruido su historia escrita. De Landa y sus sacerdotes católicos torturaron y mataron a todo maya que resistiera convertirse al cristianismo. Los sacerdotes les daban latigazos a los mayas por venerar a sus dioses, los escaldaban con agua hirviendo y hasta estiraban sus articulaciones con sogas y poleas. Más de 5.000 mayas fueron torturados y más de 150 murieron. De Landa también ordenó que se derribaran los templos mayas. Algunos sacerdotes españoles estaban tan disgustados con el tratamiento que de Landa les daba a los mayas que se pusieron en contra de España.

Los escribas tenían que hacer su propio papel de la corteza de las higueras salvajes. Primero, los escribas sacaban la corteza interna de los árboles y la hervían en agua con lima para ablandarla. Luego de lavar la corteza en agua limpia, la golpeaban con herramientas de piedra llamadas *muinto* hasta que quedara bien delgada y ancha.

Apilaban las hojas de corteza aplastada una encima de la otra, alternando entre una posición horizontal y otra vertical, así las fibras del árbol se entrecruzaban y hacían que el papel fuera lo suficientemente grueso y resistente como para aguantar escritos de ambos lados. Dejaban que el papel se secara bajo el sol caliente y luego unían las hojas individuales, punta con punta, para hacer un pedazo largo. El *muinto* hacía que el lado golpeado del papel fuese rugoso, entonces los escribas frotaban el papel con piedras lisas y calientes.

Luego, los escribas usaban una herramienta de madera con un borde recto para cuidadosamente doblar el papel una y otra vez sobre sí mismo, como un abanico o un acordeón. Las páginas dobladas facilitaban el abrir o cerrar de un libro en la página que querían ver. Pero antes de poder escribir en los libros, necesitaban preparar el papel para que absorbiera la tinta, pintándolo de ambos lados con una capa de estuco, un yeso líquido hecho de caliza blanca molida y agua.

Al secarse el estuco, volvían a doblar las páginas y cubrían los libros con carpetas protectoras hechas de madera y piel de jaguar. Los expertos creen que las carpetas protectoras se podían quitar. Probablemente les colocaban esta cubierta cuando leían o escribían en los códices, pero se las quitaban cuando los guardaban. Esta creencia es respaldada por el hecho de que ninguno de los códices que sobrevivieron tiene una cubierta, y los arqueólogos han descubierto muchas vasijas de arcilla decoradas con imágenes de los escribas escribiendo en los códices protegidos por cubiertas hechas de piel de jaguar.

Al igual que los escribas usaban un bosquejo al tallar los jeroglíficos sobre otras superficies, también usaban líneas de bosquejo en sus códices para planificar el diseño, ya que los libros eran demasiado importantes para estropearlos.

Mientras trabajaban, los escribas usaban unos pinceles y unas plumas muy delgados para aplicar la tinta a las hojas de los libros. Sus pinceles estaban hechos con pelos de animal de diferentes grosores. Las conchas de mar, cortadas a lo largo, servían como tinteros. La tinta negra se hacía de hollín y la tinta roja de un mineral llamado hematites. Como los escribas mayas en general usaban tinta negra y roja, los aztecas llamaron a las tierras bajas de los mayas la Tierra Negra y Roja.

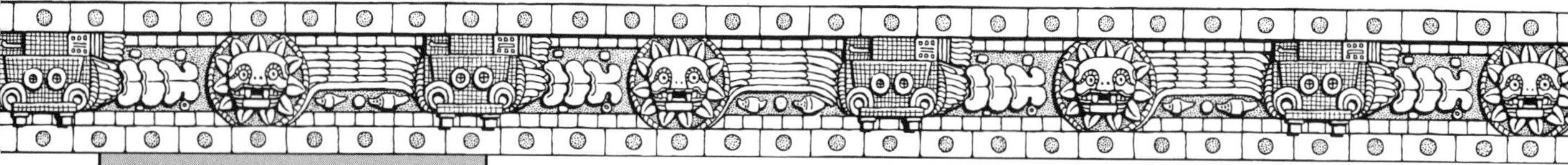

MATERIALES

1 taza de harina común (250 gramos)

2 tazas de agua (250 mililitros)

bandeja de aluminio o cualquier plato llano

cuchara

tijera

varias hojas de papel blanco sin líneas de cualquier tamaño

papel de aluminio

rodillo

marcador

Construye tu propio PAPEL

Intenta hacer tu propio papel tejido casero en el cual puedes realmente escribir. Al terminar, ¡Diviértete practicando hacer algunos de los jeroglíficos!

1 Mezcla la harina y el agua en tu bandeja. Puedes usar la cuchara, pero puedes hacerlo igual con tus dedos. Asegúrate de mezclar todo bien hasta que no queden grumos de harina. Deja la bandeja a un lado.

2 Corta el papel en tiras de una pulgada de ancho (2½ centímetros) y todas de más o menos el mismo largo. No te preocupes si algunas tiras son más largas que otras; las puedes recortar luego. Pon las tiras de papel en la mezcla de harina y agua, y déjalas en remojo durante varios minutos. Asegúrate de que las tiras no se peguen entre sí. Muévelas así cada tira está cubierta por la mezcla. Mientras tu papel se remoja, extiende un pedazo de papel de aluminio sobre una superficie lisa y dura.

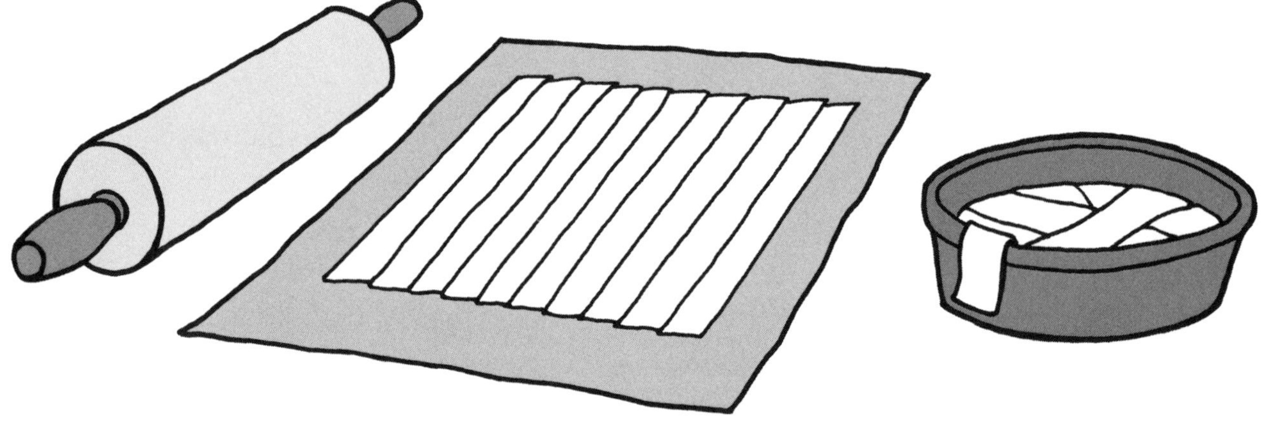

3 Con cuidado, saca las tiras una a la vez. Usa tus dedos para suavemente escurrir el exceso de mezcla. Coloca la mitad de las tiras sobre el papel de aluminio horizontalmente, asegurándote de que cada pedazo esté apenas arriba del que está al lado. Coloca la otra mitrad de las tiras de papel verticalmente. Cuando hayas terminado, deberías tener dos capas que están perpendiculares la una de la otra.

4 Coloca un pedazo de aluminio arriba de tus tiras de papel. Con firmeza pasa el rodillo por encima del aluminio. Un poco de la mezcla de harina y agua puede filtrarse por los costados. Después de unos minutos de pasarle el rodillo, lentamente levanta el papel de aluminio de arriba. Si algunas de las tiras se quedan pegadas al aluminio, despégalas con cuidado y vuelve a ponerlas abajo. (No necesitas pasarle el rodillo otra vez). Pon tu hoja de papel, todavía sobre el papel de aluminio de abajo, al sol para que se seque. Asegúrate de colocarla sobre una superficie plana. También puedes dejar que se seque adentro, simplemente tardará más.

5 Cuando tu hoja esté seca, despégala con cuidado del aluminio. Sostenla al lado de una luz. ¿Puedes ver el patrón entrecruzado? ¡Así se veía el papel que hacían los mayas! Al final, recorta los bordes y usa un marcador para dibujar jeroglíficos en la hoja.

¿SABÍAS?

Los antiguos mayas hacían sus códices de varios tamaños de largo. Plegado, el Código de Dresden solo tiene un ancho de 3½ pulgadas (9 centímetros). Pero cuando sus hojas abanicadas se abren, tiene un largo de casi 12 pies (3½ metros).

MATERIALES

2 hojas de cartulina tamaño carta, o usa el papel que hiciste en la actividad previa

regla

lápiz

tijera

cinta adhesiva transparente

hoja de cartón delgada tamaño carta (la parte de debajo de un bloc de papel funciona bien)

marcadores negros y marrones o pintura y pincel

cinta

Construye tu propia RÉPLICA DE UN CÓDICE

Usa el papel que hiciste en la actividad previa para completar tu propio códice.

1 Coloca una hoja de papel sobre la mesa a lo largo en frente tuyo. Usa tu regla y mide 9 pulgadas (23 centímetros) del margen a la izquierda del papel y dibuja una línea vertical. Corta siguiendo esa línea.

2 Usa tu regla para medir 3 pulgadas (7½ centímetros) desde el borde a la izquierda, marca ese punto con tu lápiz, luego mueve tu regla 3 pulgadas (7½ centímetros) más hacia la derecha y marca ese punto. Tu papel ahora esta divido en tres partes igual de 3 pulgadas (7½ centímetros) cada una.

3 Coloca tu regla verticalmente sobre la primera marca y con cuidado dobla el papel por encima del borde de la regla. Mueve tu regla al siguiente punto y dobla el papel devuelta. Ahora tienes dos pliegues. Dobla el segundo pliegue de nuevo hacia la dirección contraria, debajo de la hoja, así el papel está doblado como un abanico.

4 Repite estos tres pasos con la segunda hoja de papel. Une las dos hojas de papel con la cinta adhesiva. Asegúrate de que los pliegues se alternen como un acordeón antes de pegar las dos puntas de los papeles.

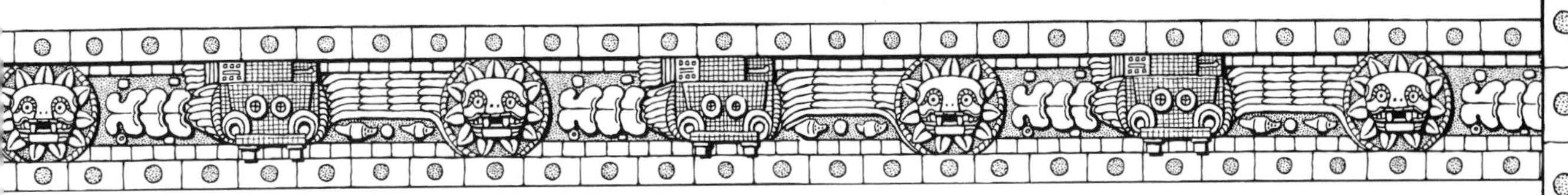

5 Ahora tienes un solo libro códice. Tu hoja de arriba se debería abrir por la derecha, como un libro impreso. Puedes hojear el códice página por página o puedes abrirlo del todo para ver las seis páginas a la vez.

6 Para hacer la cubierta, coloca el cartón sobre la mesa a lo largo enfrente tuyo. Usa la regla para medir 6¼ pulgadas (16 centímetros) y dibuja una línea. Corta siguiendo esa línea.

7 Dobla el cartón en dos, así tienes un rectángulo alto que tiene la misma forma que tu códice. Decora la parte de afuera de la cubierta con los marcadores marrones y negros o píntala para que parezca una piel de jaguar o cuero.

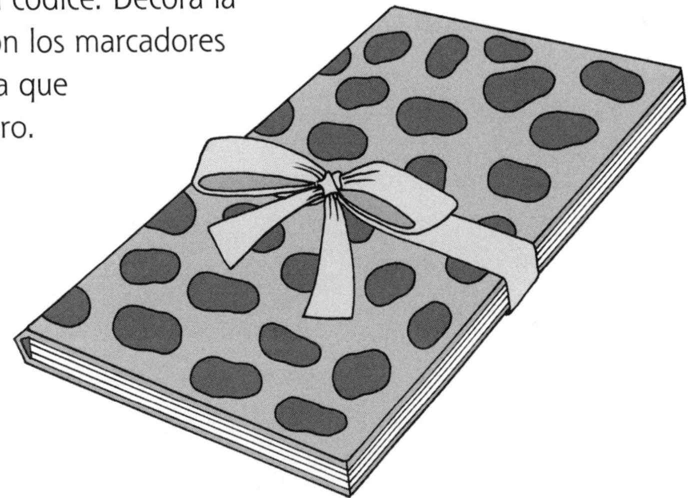

8 Cuando hayas terminado la cubierta (asegúrate de que la pintura se haya secado), mete las hojas de códice que hiciste entre la cubierta. Puedes atar una cinta alrededor del libro para mantenerlo cerrado.

¿SABÍAS?

Los expertos creen que los escribas hacían tinta negra para sus códices agregando agua al hollín raspado de la parte debajo de las ollas de cocina. Este hollín se llama tinta de carbón y es permanente. Por eso, hoy en día, los epigrafistas todavía pueden leer los jeroglíficos de los códices mayas que sobrevivieron.

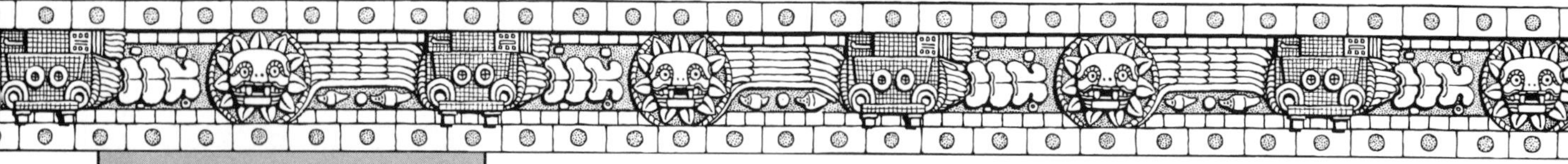

MATERIALES

acceso al Internet

barra de jabón de baño redondeada

bolígrafo

colorante alimentario rojo y verde

hisopos

pañuelo de papel

Construye tu propia TALLA JEROGLÍFICA EN JABÓN

En esta actividad, vas a hacer tu propia mini estela tallando el jeroglífico maya para libro, *hu'un*. Al terminar, puedes encontrar jeroglíficos para muchas palabras más en famsi.org/mayawriting/dictionary/montgomery/search.html.

1 Usando el jeroglífico para "libro" como tu guía, utiliza tu bolígrafo para suavemente trazar el diseño del jeroglífico en tu barra de jabón. Como el jeroglífico está dentro de un cuadrado redondeado, la forma de tu barra de jabón puede representar el borde de afuera del jeroglífico.

2 Cuando estés contento con tu diseño, usa tu bolígrafo para hacer las líneas gruesas y profundas.

3 Pon unas gotas de colorante alimentario en uno de los hisopos. Usa el rojo o el verde, o mézclalos para hacer negro. Traza el hisopo por las líneas talladas, asegurándote de que el color penetre bien las ranuras.

4 Usa un pañuelo de papel para quitar el exceso de colorante de la superficie del jabón, dejando que el color quede solo en las líneas talladas.

5 Expone el jeroglífico en tu cuarto —¡o úsalo en tu próximo baño!

CAPÍTULO 9

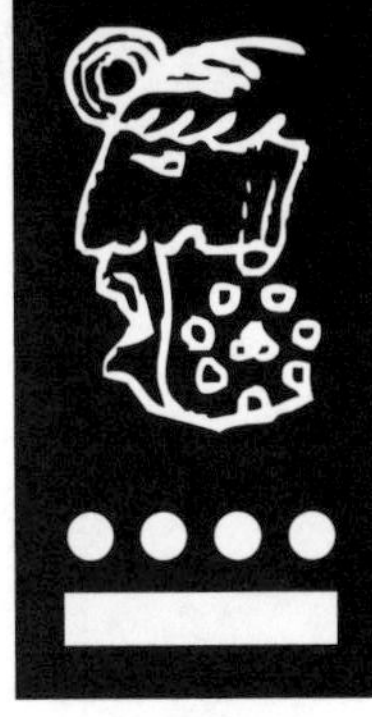

LOS NÚMEROS

Todos los mayas aprendían a contar. Tanto sus calendarios como sus sistemas de conteo estaban basados en el número 20. Los agricultores usaban el sistema de conteo cuando sembraban y cosechaban cultivos, los mercaderes lo usaban para comprar y vender bienes y los constructores lo usaban para tomar medidas y determinar ángulos.

Los números mayas estaban compuestos de solo tres símbolos. Una concha de mar indicaba un cero. Un punto representaba el número uno. Una barra era el número cinco.

Los mayas escribían los números del 0 al 19 así:

0	1	2	3	4
5	6	7	8	9
10	11	12	13	14
15	16	17	18	19

Si los mayas querían sumar o multiplicar números grandes, usaban "pasos" que representaban la multiplicación de 20. Esto significa que el número escrito en el paso dos era 20 veces más que el número escrito en el paso uno.

Paso 4 = 8.000–159.999

Paso 3 = 400–7.999

Paso 2 = 20–399

Paso 1 = 1–19

1	20	400	8.000
	20 x 1	20 x 20	20 x 400

Y el número escrito en el paso tres era veinte veces más grande que el número en el paso dos y así sucesivamente.

Los números del 1 al 19 estaban en el paso más bajo, los números del 20 al 399 estaban en el segundo paso, los números del 400 al 7.999 estaban en el tercer paso y los números del 8.000 al 159.999 estaban en el cuarto paso. Si los mayas querían contar números más grandes, simplemente seguían agregando pasos para llegar al número que deseaban —¡hasta los ciento de millones!

Cuando los mayas agregaban números a los diferentes pasos, los escribían uno encima del otro. Por ejemplo, para escribir el número 32, los mayas ponían dos barras y dos puntos en el primer paso (12) y un punto en el segundo paso (20 x 1).

32

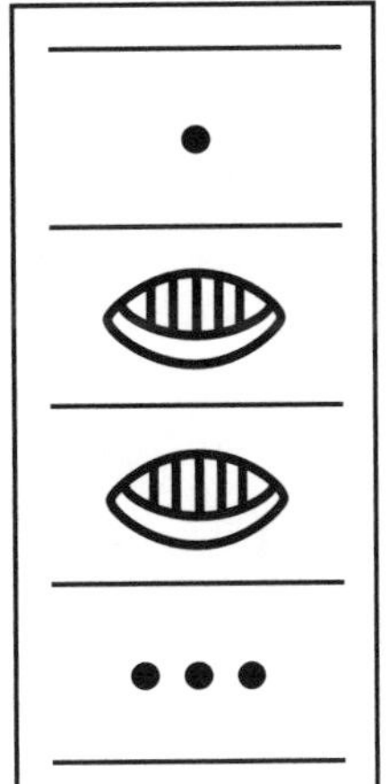

8.003

Cuando los mayas escribían el número 407, usaban el tercer paso. Cero es un marcador de posición cuando no se requiere número en un paso. Escribían una barra y dos puntos en el primer paso (7), un cero en el segundo paso (0 x 20) y un punto en el tercer paso (1 x 400).

Si los mayas querían escribir 8.003 ponían tres puntos en el primer paso (3), un cero en el segundo paso (0 x 20), un cero en el tercer paso (0 x 400) y un punto en el cuarto paso (1 x 8.000).

407

Los mayas usaban nombres para mostrar el aumento de valor de 20: *kal* (20), *bak* (20 x 20 = 400), *pic* (20 x 20 x 20 = 8.000), *calab* (20 x 20 x 20 x 20 = 160.000), *kinchil* (20_5 = 3.200.000) y *alau* (20_6 = 64.000.000).

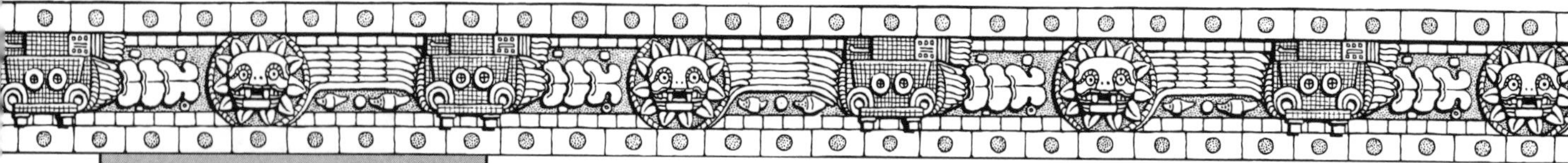

MATERIALES

fichas

lápiz o bolígrafo

cinta adhesiva transparente para embalar o papel adhesivo

Construye tus propias CARTAS ILUSTRATIVAS DE CONTEO MAYA

Estas cartas te ayudarán a reconocer los números mayas rápidamente. Las puedes usar para jugar juegos con amigos o hermanos.

1 Copia los símbolos de los números mayas de la página 80 en las veinte fichas. Detrás de cada tarjeta, escribe el número que corresponde al símbolo.

2 "Lamina" las cartas con una capa de la cinta o papel adhesivo adelante y atrás. Esto evitará que las cartas se ensucien o arruguen.

3 Sostén cada carta enfrente de dos amigos y fíjate quién adivina el número primero. ¡Tú ya sabes la respuesta porque la has escrito detrás de la carta!

4 Una vez que este juego se vuelva demasiado fácil, intenta jugar con dos cartas a la vez. Agrega al desafío diciéndoles a tus amigos que tienen que sumar, restar o multiplicar los dos números.

5 Si haces dos mazos de cartas, puedes jugar el juego Concentración. Cubre los números detrás de las cartas con un pequeño papel adhesivo que es fácil de quitar. Coloca las 40 cartas cara abajo sobre el piso. Cuando encuentras dos cartas iguales, ganas ese par. ¡Juega de nuevo! El jugador con la mayor cantidad de pares de cartas al final del juego gana. Hasta puedes usar las cartas para jugar Vete a Pescar o Guerra.

MATERIALES

papel borrador

lápiz o bolígrafo

Construye tus propios NÚMEROS MAYAS

¿Ya te acostumbraste? Intenta hacer esta actividad para probar tu conocimiento sobre los números mayas.

1 Fíjate si puedes determinar el valor de estos números jeroglíficos. Escribe tus respuestas en un papel borrador. Cuando estés satisfecho con tus respuestas, compáralas con las respuestas al final de la página.

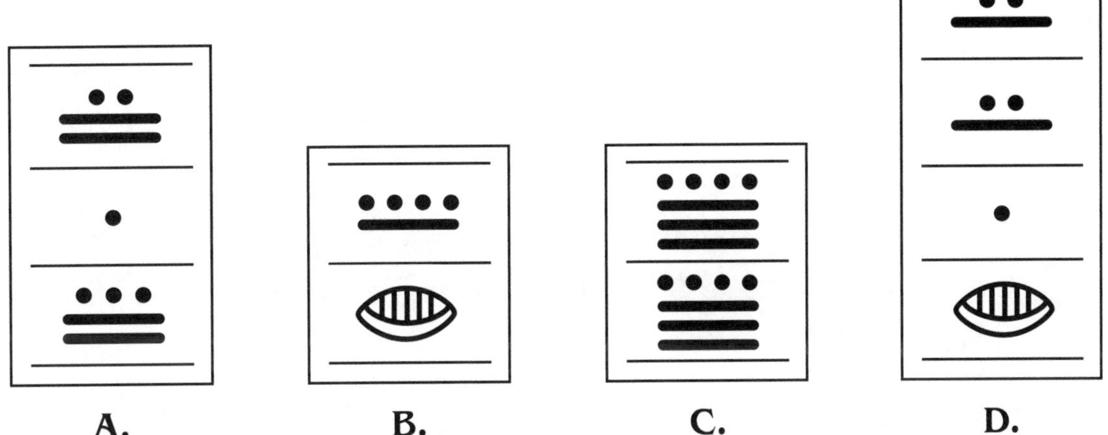

2 Ahora intenta escribir tus propios números jeroglíficos para los siguientes números. Escribe tus respuestas en el papel borrador y compáralas con las respuestas al final de la página.

1.000	58	381	56.000
E.	**F.**	**G.**	**H.**

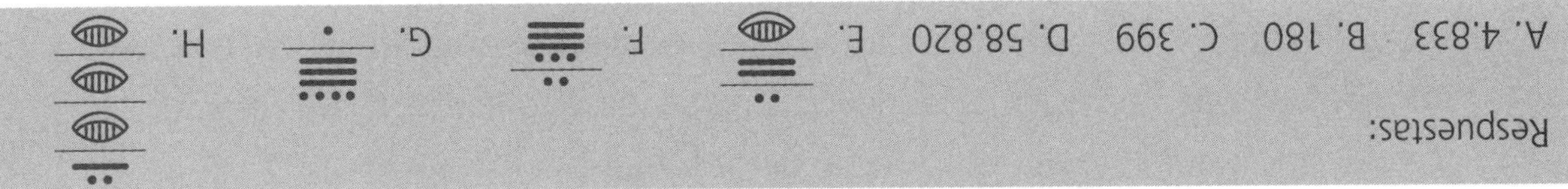

DIEZ

CAPÍTULO 10

LOS CALENDARIOS

Cuando arqueólogos y otros expertos comenzaron a estudiar los jeroglíficos de los antiguos mayas, estaban muy confundidos porque creían que las figuras eran dioses. Pero luego un bibliotecario alemán llamado Ernst Forstemann descubrió que los símbolos representaban números. Este conocimiento ayudó a que los expertos comprendieran el calendario maya. Rápidamente se dieron cuenta de que los antiguos mayas estaban obsesionados con el tiempo. Los calendarios mayas eran los más complejos de Mesoamérica y eran más precisos que los calendarios usados en Europa en aquella época.

Los antiguos mayas dependían principalmente de dos calendarios para la vida diaria: el calendario ***tzolk'in***, también llamado el **Ciclo Sagrado**, y el ***haab***, también llamado el **Año Impreciso**. Ambos calendarios estaban basados en meses de veinte días. Los sacerdotes mayas usaban los dos calendarios juntos para crear un calendario de cincuenta y dos años llamado la Rueda Calendárica.

El *tzolk'in* se usaba para decidir temas espirituales, como cuándo llevar a cabo ceremonias. Los sacerdotes le asignaban a cada día del calendario, llamado *k'in*, el nombre de un dios y un número entre el 1 y el 13. El primer día del calendario *tzolk'in* comenzaba con el número 1 y el primer nombre del día: 1 *Imix*. Girando la rueda en dirección de las flechas, el segundo día era 2 *Ik*. El día 13 era 13 *Ben*. Pero ahí se acababan los números y comenzaban de nuevo. Entonces, el día 14 era 1 *Ix*. Los números iban pasando por los veinte nombres, y tomaba 260 días para que el calendario *tzolk'in* comenzara de nuevo con 1 *Imix*.

PALABRAS ÚTILES

tzolk'in o Ciclo Sagrado: un período de 260 días que incluye un ciclo entero de todas las combinaciones de los nombres del día 20 con los números del 1 al 13 que hacen el año sagrado maya.

haab o Año Impreciso: el año de 365 días del calendario maya.

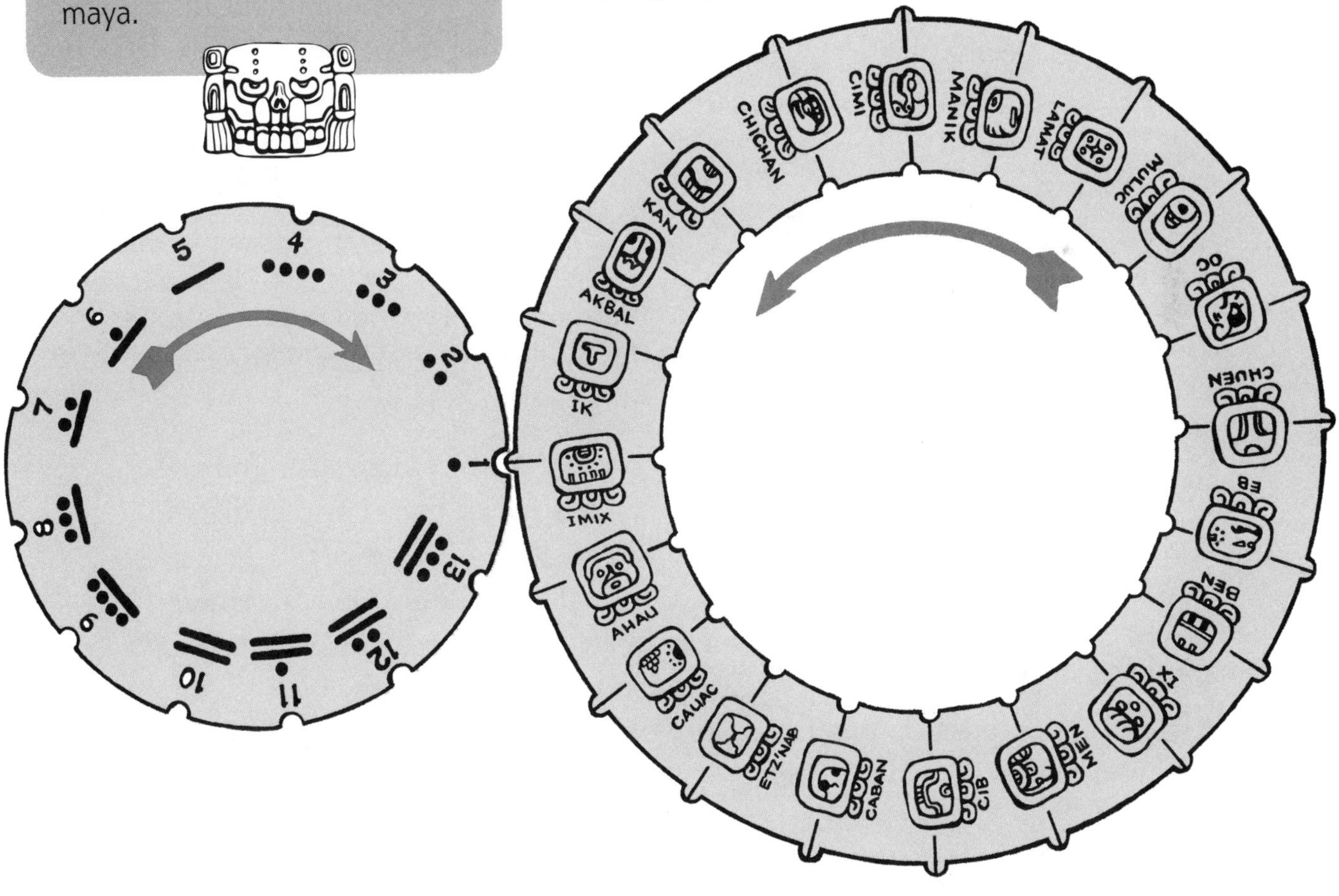

El calendario *haab* estaba basado en el ciclo solar de 365 días, el número de días que usamos nosotros. Los sacerdotes usaban el *haab* para decidir cuándo debían sembrar los cultivos los agricultores. El *haab* tenía dieciocho meses, cada uno de veinte días. Los nombres de los dieciocho meses eran *Pop*, *Uo*, *Zip*, *Zotz*, *Zec*, *Xul*, *Yaxkin*, *Mol*, *Ch'en*, *Yax*, *Zac*, *Ceh*, *Mac*, *Kankin*, *Muan*, *Pax*, *Kayab*, y *Cumku*.

Pero 18 meses multiplicados por 20 días solo da 360 días. Los mayas agregaron cinco días de mala suerte, llamados *Uayeb*, al final del calendario. En estos días de mala suerte, cuando se creía que los dioses descansaban y dejaban desprotegida a la Tierra, los mayas no comían y ofrecían muchos sacrificios.

El *haab* comenzaba con el número 0, así que el primer día era 0 *Pop*. El segundo día era 1 *Pop*. El día 20 era 19 *Pop*. De esa manera, los veinte días del mes *Pop* quedaban usados, y así comenzaba el siguiente mes *Uo*. El calendario *haab* comenzaba otra vez después de pasar cada día de los dieciocho meses y los cinco días de mala suerte.

Uayeb (5 días)

Cuando los sacerdotes usaban los calendarios *tzolk'in* y *haab* juntos en la Rueda Calendárica, podían ver 18.980 días a la vez (52 años). En la Rueda Calendárica, los dos calendarios giraban juntos, como ruedas dentadas, y las fechas de cada calendario se combinaban. El primer día de la Rueda Calendárica era 1 *Imix* 0 *Pop*. Como la Rueda Calendárica tenía que pasar por los 18.980 días, pasaban 52 años antes de que volviera a aparecer 1 *Imix* 0 *Pop*. Al final del ciclo de 52 años, había un día sagrado. Los mayas temían este día ya que creían que el cielo se les caería encima si los dioses no estaban contentos con los humanos.

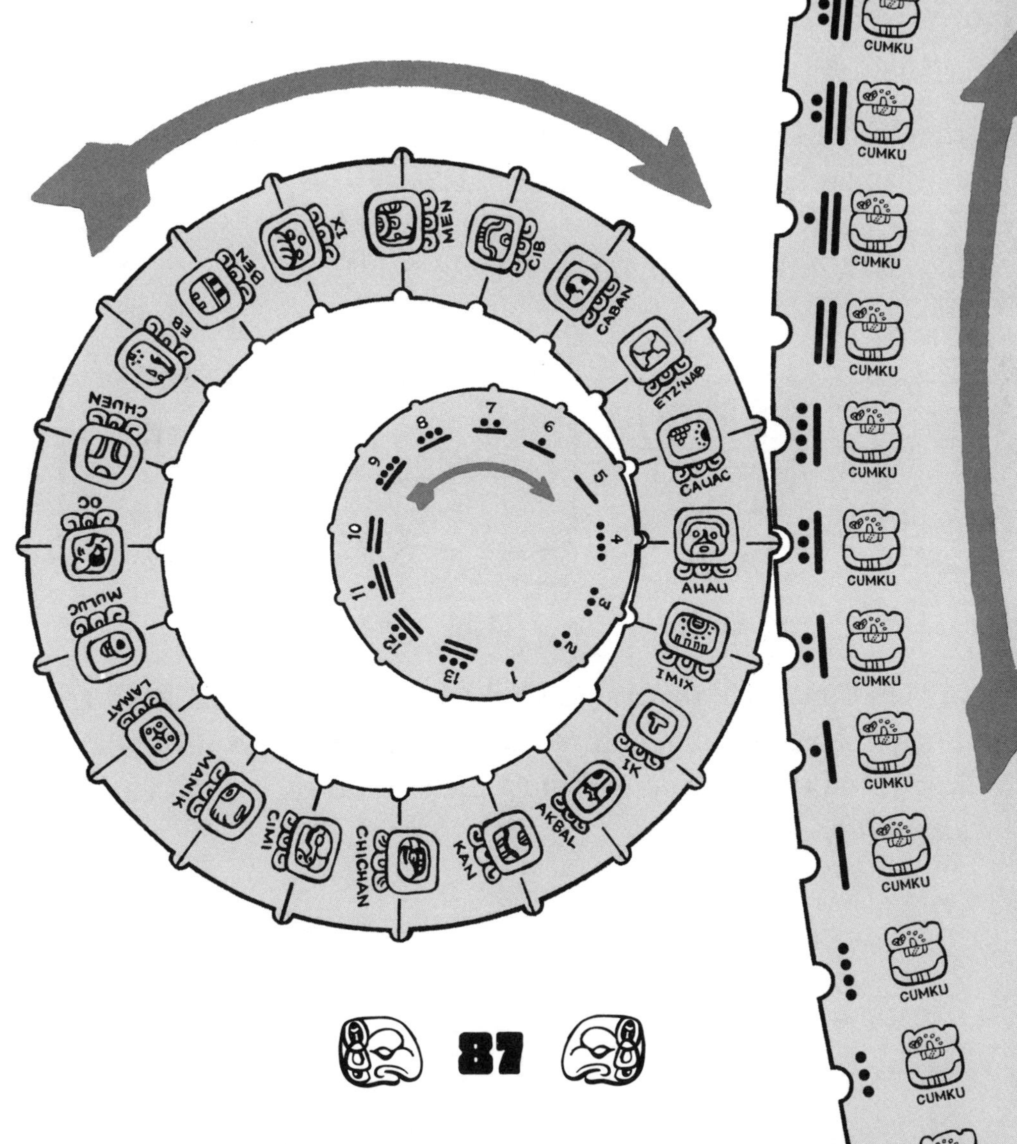

Un tercer calendario maya, llamado **Cuenta Larga**, solo era usado por los sacerdotes y escribas mayas porque era tan difícil de comprender. Usaban este calendario para registrar largos períodos de tiempo —hasta desde el comienzo de la creación.

PALABRAS ÚTILES

Cuenta Larga: un calendario complejo solo usado por los sacerdotes y escribas mayas.

El calendario comenzó el 13 de agosto de 3114 a. n. e. Un ciclo completo de la Cuenta Larga duraba unos 1.872.000 días. El final del Gran Ciclo llega el 21 de diciembre de 2012. Será un solsticio de invierno en que el sol estará en el centro de nuestra galaxia (la Vía Láctea) ¡por primera vez en más de 26.000 años! El 21 de diciembre de 2012 no termina el calendario, pero sí pasará al próximo *bak'tun*, o período de 400 años (el decimotercero).

La Cuenta Larga principalmente se basó en el número 20. Los mayas escribían las fechas en este orden: *bak'tun*, *k'atun*, *tun*, *uinal*, *k'in*. 1 *k'in* = 1 día, 20 *k'ins* = 1 *uinal* (mes), 18 *uinals* = 1 *tun* (360 días), 20 *tuns* = 1 *k'atun* (7.200 días), 20 *k'atuns* = 1 *bak'tun* (144.000 días o 400 años).

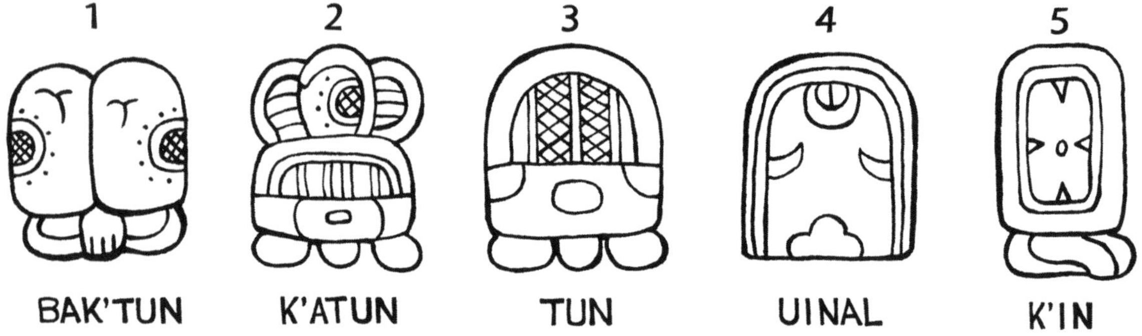

Si vemos el 21 de diciembre de 2012, se escribiría 12.19.19.17.19. El número 12 representa el número de *bak'tuns* desde el comienzo del Gran Ciclo (144.000 x 12), y continúa hacia la derecha con el número de *k'atuns*, *tuns*, *uinals* y *k'ins*.

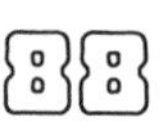

MATERIALES

hoja tamaño carta de cartulina blanca

compás de matemática

tabla de jeroglíficos (página 85)

papel de calcar

bolígrafo o lápiz

tijera

pegamento en barra

Construye tu propia RUEDA DEL CALENDARIO TZOLK'IN

El calendario maya es complejo y la mejor manera de comprenderlo es hacer el tuyo propio. Después de practicar por un rato, fíjate si puedes predecir el siguiente día sin ver el calendario.

1 Usa tu compás para dibujar dos círculos en tu cartulina: uno con un diámetro de 6 pulgadas (15 centímetros) y el otro con un diámetro de 4 pulgadas (10 centímetros). Recorta ambos círculos.

2 Calca cada jeroglífico del calendario *tzolk'in* de la página 85. Recorta cada uno y pégalos alrededor del borde del círculo más grande, en el orden correcto, asegurándote que estén simétricamente espaciados y mirando hacia la misma dirección.

3 Escribe los jeroglíficos para los números del 1 al 13 simétricamente espaciados alrededor del borde del círculo pequeño.

4 Coloca los círculos uno al lado del otro sobre tu mesa. Alinea el número 1 con el primer mes, *Imix*. Gira el círculo de números en el sentido de las agujas del reloj y el círculo de días al sentido contrario, así verás que el día dos es 2 *Ik*, el día tres es 3 *Ak'bal*... y el día trece es 13 *Ben*. ¿Cuál es la fecha para el día catorce? ¡Sí! Es 1 *Ix*, porque los números vuelven a empezar. ¿Pero cuál es el día veintisiete? ¿Y el cuarenta? ¿Y el cincuenta y tres?

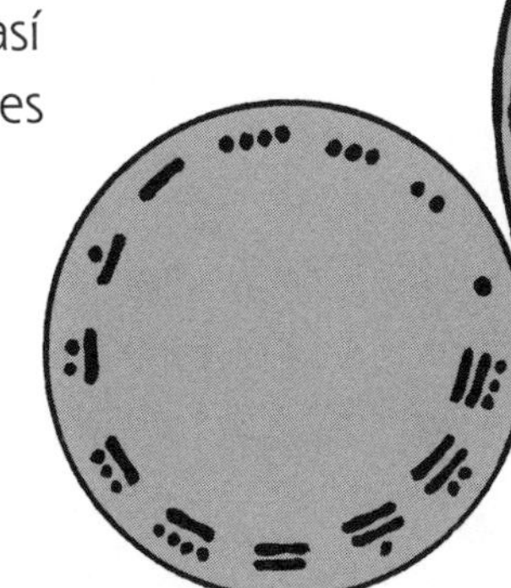

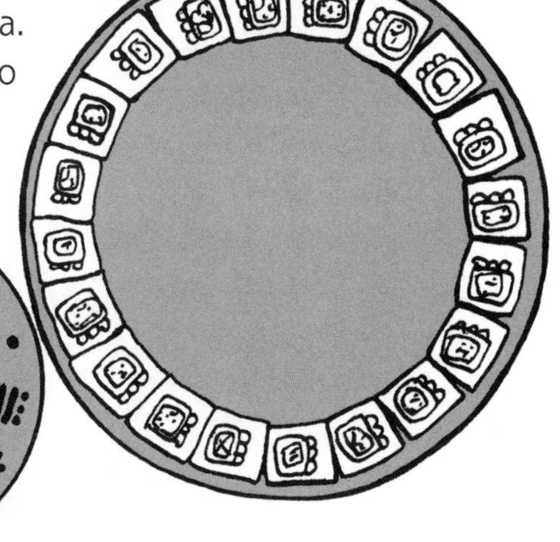

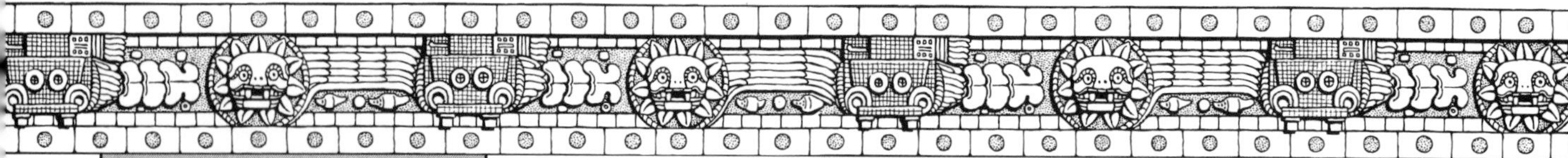

MATERIALES

papel

lápiz

marcadores de colores

Descubre tus propias FECHAS MAYAS

Intenta trabajar con el *tzolk'in* y el *haab* para ver realmente cuán complicados eran los calendarios mayas. Imagina lo que sería agregar la Cuenta Larga ¡y comprenderás por qué solo lo usaban los sacerdotes y los escribas!

8 *Ben* 14 *Pax*
(día 8 *Ben* del *tzolk'in* y el sexto mes *Pax* del *haab*)

1 Usando los jeroglíficos del *tzolk'in* y el *haab* incluidos en esta sección y el ejemplo de arriba, intenta dibujar los jeroglíficos para estas fechas de la Rueda Calendárica:

13 *Ix* 3 *Cumku*
(día 13 *Ix* del *tzolk'in* y el tercer mes *Cumku* del *haab*)

A.

2 *Cauac* 4 *Zip*
(día 2 *Cauac* del *tzolk'in* y el cuarto mes *Zip* del *haab*)

B.

1 *Ik* 19 *Pop*
(día 1 *Ik* del *tzolk'in* y el octavo mes *Pop* del *haab*)

C.

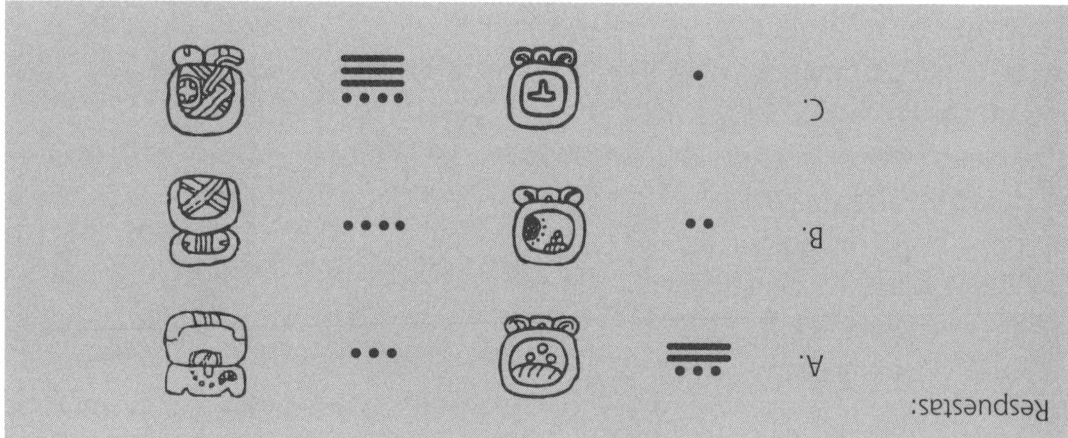

CAPÍTULO 11

ONCE

Los constructores MAJESTUOSOS

Al llegar a su período clásico (250–900 n. e.), los antiguos mayas ya habían construido ciudades impresionantes y kilómetros de los mejores caminos de Mesoamérica. Algunos de sus caminos siguen vigentes hoy en día.

Los ingenieros y **albañiles** mayas hasta llegaban a considerar cómo afectaría la temporada de lluvias a los caminos porque no querían que desaparecieran bajo el agua. En los lugares pantanosos, los caminos estaban construidos muy por encima de la tierra para protegerlos de las inundaciones.

Los antiguos mayas tuvieron mucho cuidado al construir los niveles de sus caminos. Quizá usaron una **plomada**, una herramienta simple que usaron al construir sus pirámides. La plomada es una de las herramientas de construcción más antiguas del mundo. Se hace fácilmente al colgar una pesa pesada de una cuerda. Cuando la plomada colgaba derecho, los mayas sabían que tenían una línea vertical perfecta.

PALABRAS ÚTILES

albañil: alguien que trabaja con sus manos.

plomada: una pesa al final de una cuerda que usan los constructores para establecer líneas verticales y horizontales exactas.

abundante: disponible en cantidades grandes.

cantera: excavación o corte de piedra en la tierra.

En las plazas de las ciudades, los albañiles mayas construyeron pirámides altas coronadas con templos y altares de sacrificio. Los trabajadores también construyeron canchas de Pok-A-Tok, balnearios y edificios utilizados para llevar a cabo negocios oficiales de la ciudad. Los albañiles construyeron observatorios donde los sacerdotes podían estudiar los cielos nocturnos y palacios de piedra y casas para los miembros de las grandes familias reales.

Los antiguos mayas usaban caliza para la mayoría de sus edificios importantes de la ciudad, ya que era resistente y **abundante**. Los trabajadores abrían grandes **canteras** de caliza del suelo usando cinceles con hojas afiladas de pedernal u obsidiana. ¿Cómo podían estas herramientas cortar piedra tan fácilmente? La caliza en realidad es suave bajo tierra y se endurece al contacto con el aire.

PALABRAS ÚTILES

lecho de roca: la tierra de piedra sólida, bien por debajo de la superficie más suave de tierra, arena, arcilla, grava o agua.

mortero: un material de construcción que al secarse se endurece. Se usa como pegamento para sujetar los ladrillos y las piedras.

Después de cortar la caliza del **lecho de roca**, los albañiles mayas aflojaban los bloques con mazos de madera y cuñas. Luego tenían que llevar los bloques a sus ciudades. Jalaban los bloques por el piso con soga, o los empujaban arriba de troncos, o a veces llevaban los bloques río abajo en balsas.

Los edificios fueron construidos con los bloques de caliza, sujetados entre sí con el **mortero** de secado rápido. El mortero se hacía poniendo pedazos más pequeños de caliza o vastas cantidades de conchas de mar en grandes hogueras. El calor del fuego reducía la piedra o las conchas a un polvo fino que, al mezclarse con grava y agua, se hacía mortero.

El mortero se podía hacer más líquido con un poco más de agua para hacer estuco, el cual se aplicaba a paredes, escaleras y entradas. Como el estuco era más suave que el mortero, los trabajadores que se especializaban en la talla podían fácilmente decorar los edificios con diseños religiosos y jeroglíficos. Los talladores mayas no perdían tiempo ni esfuerzo en sus trabajos: si solo se veía un lado de un edificio durante las ceremonias religiosas, entonces solo ese lado era decorado. Cuando las tallas estaban terminadas, los albañiles pintaban las paredes de un color rojo fuerte, lo cual los destacaba del verde de los árboles y el azul del cielo. La pintura se descascaró muchísimos años atrás, por eso las ruinas mayas hoy en día lucen grises.

Los trabajadores que se especializaban en talla se llamaban *ah uxul*. A menudo trabajaban en grupos en proyectos de construcción o tallando símbolos en las estelas. Los expertos saben esto porque algunas estelas tienen las firmas de los grupos.

Una capa gruesa de estuco también se usaba para proteger a los edificios de la humedad de las selvas tropicales al sellarlos en contra de la lluvia. Los constructores en las ciudades usaban escombros de piedra para construir los cimientos de sus edificios porque la caliza era demasiada suave para aguantar años de lluvias fuertes e inundaciones.

Los talladores también usaban estuco para agregar decoraciones a las cimas de los techos que construían encima de edificios importantes. Estas cimas eran bloques de piedra que se agregaban a los techos de los edificios para que la estructura pareciera más alta de lo que realmente era. En algunas ciudades mayas, como Tikal, ¡estas cimas a veces son hasta más altas que los propios edificios a los que pertenecen! Para aguantar su gran peso, los mayas construyeron estas cimas sobre las paredes más gruesas de los edificios.

Entierro

Algunas pirámides contenían las tumbas de importantes reyes mayas como Pacal II, también conocido como Pacal el Grande, quien gobernó la gran ciudad de Palenque. A unos cien pies de altura (treinta metros), la pirámide de entierro de Pacal se llama el Templo de las Inscripciones. Cuando falleció Pacal el Grande en 683 n. e., su cuerpo fue cargado cuesta arriba por los escalones exteriores de la pirámide y cuesta abajo por una escalera interna de ochenta pies (veinticuatro metros)que iba hacia la cripta. Cinco víctimas fueron sacrificadas en la parte de afuera de la puerta a su tumba. Los trabajadores luego sellaron la tumba llenando la escalera con escombros de piedra.

La tumba del rey Pacal permaneció sellada hasta 1948, cuando el arqueólogo mexicano Alberto Ruz Lhuillier descubrió la escalera secreta. A su equipo le tomó cuatro años sacar todos los escombros que habían colocado los antiguos albañiles mayas para proteger el cuerpo sumamente adornado de Pacal II. Finalmente abrieron la puerta de la tumba en 1952, ¡y encontraron el esqueleto del rey y las joyas de jade!

Al **arco falso** lo usaban mucho los constructores mayas. Además de usarse para reducir el peso de las cimas de los techos, se usaba en edificios para hacer entradas, corredores y cuartos con picos. El arco falso es el ejemplo perfecto de la habilidad técnica de los antiguos mayas. Los ingenieros y constructores no solo tenían que comprender la tensión que se causaban los bloques de piedras entre sí, sino que también tenían que ver cuán ancho, alto y grueso hacían cada bloque. Hasta tenían que calcular el espacio que ocupaba el mortero entre cada bloque de piedra.

PALABRAS ÚTILES

arco falso: un arco con forma de V invertida que se hace con una serie de piedras traslapadas con cada piedra sobresaliendo más hacia el centro que la de abajo. El espacio que queda en la punta es cerrado con una **losa**.

losa: la última piedra encima del arco falso que une ambos lados y termina la estructura.

Los arcos falsos son difíciles de construir porque hay mucha presión puesta sobre las piedras del arco por el resto de la pared. Para asegurarse de que los arcos no se derrumbaran, los mayas los construían con paredes gruesas.

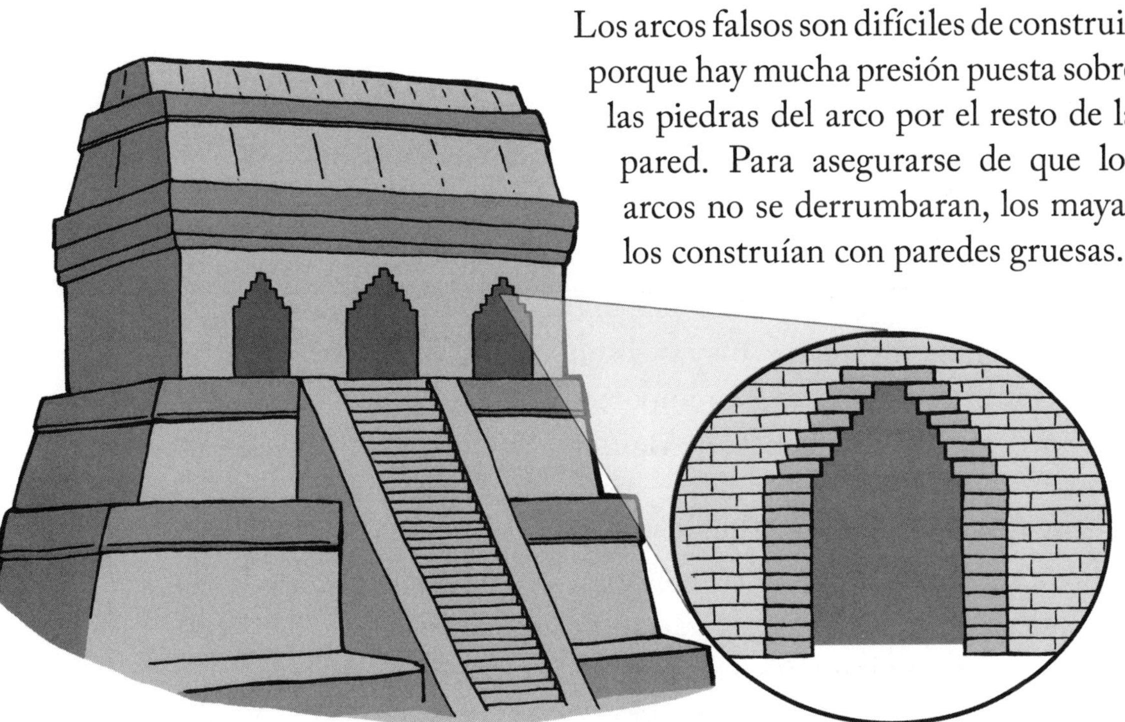

¡Mira cómo se desliza el espíritu de la serpiente!

El ejemplo más famoso de un edificio maya con "poder" sagrado es una pirámide en las ruinas de Chichén Itzá, una gran ciudad estado. Encima de la pirámide se encuentra un templo llamado El Castillo.

El templo de El Castillo fue dedicado a Kukulkán, el dios de la serpiente emplumada. Kukulkán también es conocido como Quetzlcoatl para los olmecas y aztecas. Cada escalera da hacia una dirección de los puntos cardinales. Hay escaleras que suben por los cuatro lados de la pirámide. Si sumas los 91 escalones de cada escalera, llegas al número 364, y si sumas la plataforma plana encima de la pirámide, llegas a 365 —el número de días en el haab, el calendario solar maya. Cada lado de la pirámide tiene 52 paneles rectangulares, que es igual al número de años en un ciclo completo de la Rueda Calendárica.

Cada año, en los equinoccios de primavera y otoño (alrededor del 21 de marzo y el 22 de septiembre), miles de turistas se juntan en el lado noroeste de El Castillo. Durante el equinoccio, el día y la noche son del mismo largo en todo el mundo. En estos días, mientras el sol poco a poco va iluminando las escaleras de El Castillo, los espectadores se llevan el gusto de ver un fenómeno solar: ¡parece que la sombra de una serpiente se desliza escaleras abajo del cielo a la tierra!

Los antiguos ingenieros mayas diseñaron edificios para que fueran impresionantes por fuera. Les importaba mucho menos cómo se veían o cuán cómodos eran adentro. Algunos expertos creen que los mayas construían por una sola razón: para crear escenarios espléndidos para sus ceremonias para ciudades enteras donde se hacían sacrificios humanos para los dioses. Los ojos de miles de residentes de la ciudad estaban pegados a los reyes y sacerdotes mientras subían las escaleras empinadas de las pirámides a los altares sagrados de sacrificios. ¡Imagina lo impresionante que debe haber sido este espectáculo entre las cornetas resonando, los tambores latiendo y la gente gritando!

Los antiguos mayas alineaban sus edificios ceremoniales con los puntos cardinales para asegurarse de que los dioses vieran sus ciudades como lugares sagrados. Con el crecimiento de las ciudades, nuevos edificios se agregaban con la alineación correcta con respecto a las estrellas.

¡Árboles, árboles y más árboles!

Aunque los antiguos mayas construían sus estructuras importantes de la ciudad con piedra, como sociedad dependían mucho de los árboles. La madera de los árboles alimentaba los fuegos, que eran necesarios para cocinar comida, dar calor y hacer polvo de caliza o mortero. ¡Sin los árboles, los mayas no hubieran podido hacer canoas, asas para herramientas, muchos instrumentos musicales y papel para los códices! Sin árboles, muchos de los pájaros y animales que dependían de sus semillas y follaje como comida y refugio se hubieran muerto. Sin los árboles de cacao, los reyes mayas no hubieran podido acceder a los granos de cacao para preparar sus bebidas preferidas de chocolate. Y sin árboles para mantener la tierra en su lugar, gran parte del terreno se hubiera lavado con las aguas de las lluvias durante las temporadas largas de lluvia.

Mientras los albañiles construían templos enormes para sus reyes, construían casas simples de barro y tejado de paja para ellos mismos, y las cubrían con estuco para protegerlas de las temporadas de lluvias. No queda claro por qué los plebeyos no vivían en casas de piedra, pero probablemente tenía que ver con el costo y el hecho de que los miembros ricos e importantes de la sociedad maya se guardaban la caliza para ellos mismos.

Las casas de barro ciertamente eran más fáciles de construir. Para construir una casa de barro, los mayas comprimían una plataforma elevada de tierra con sus pies. Un muro de contención sostenía la plataforma. Los albañiles luego usaban postes de madera para hacer las paredes y los techos en pico de sus casas. Agregaban capas de barro y luego estuco encima de los postes. Para proteger el interior de las lluvias, agregaban capas de hojas de palmera o paja a sus techos. El pico alto del centro del techo ayudaba a canalizar el agua de lluvia hacia abajo y lejos de la casa.

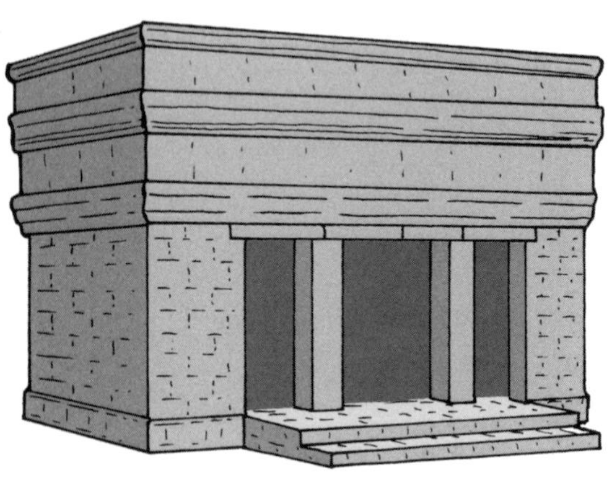

Los nobles tenían las mejores casas de piedra. La piedra mantenía sus casas cálidas cuando hacía frío afuera y frescas durante el calor del mediodía. Y, como la piedra no se quema, los nobles no se tenían que preocupar por los fuegos en la cocina como sí lo hacían los plebeyos. Y luego estaba el tema plagas: ¡a los insectos les encantan la madera y la paja! Como los plebeyos tenían más insectos en sus casas, probablemente se enfermaban más seguido que los nobles.

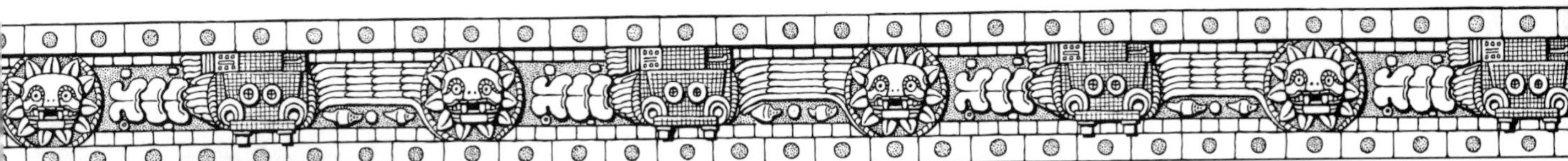

MATERIALES

pedazo grande de cartón grueso, como la tapa de una caja de pizza

lápiz

papel de color

tijera

marcador negro con una punta fina

mondadientes

pegamento Elmer

tazón

2 tazas de harina común (250 gramos)

1 taza sal de mesa (250 gramos)

1 cucharada de jugo de limón

1 taza de agua (250 mililitros)

cuchara de plástico

decoraciones como cuentas, plumas y purpurina

pintura de artesanías (azul y por lo menos tres colores más)

pincel

Construye tu propio MAPA DE RUINAS DEL TERRUÑO MAYA

Este proyecto te dará una comprensión clara de dónde puedes viajar hoy en día para visitar las ruinas de los antiguos mayas.

1 En tu pedazo de cartón, dibuja un bosquejo del terruño de los antiguos mayas usando la imagen en la siguiente página como guía. Asegúrate de dejar espacio para el Océano Pacífico, el Mar Caribe y el Golfo de México. Deja el mapa a un lado.

2 Recorta cinco diamantes pequeños de tu papel de color. Dóblalos en dos para hacer banderas en forma de triángulos. Usa tu marcador para ponerles los siguientes nombres en ambos lados de cada bandera: Chichén Itzá, Tikal, Palenque, Tulum y Copán. Pega las banderas alrededor de los mondadientes.

3 En un tazón, combina la harina, la sal y el jugo de limón. Lentamente agrega el agua para hacer tu masa de sal. Si la masa está demasiado seca, agrega más agua. Si está demasiado pegajosa, agrega más harina.

4 Usa una cuchara para rellenar con cuidado todo el terreno de tu mapa, pero deja sin cubrir las zonas de agua.

La actividad continúa en la siguiente página...

5 Mientras la masa siga húmeda, usa un mondadientes para tallar las fronteras de hoy en día que separan México, Guatemala, Belice, Honduras y El Salvador. Puedes decorar las fronteras con cuentas o purpurina.

6 Recorta cinco pequeños rectángulos de papel y escribe el nombre de cada país. Usa tus dedos para empujar las tiras de papel en la masa en la zona designada de tu mapa. Usa tu imaginación para que resalten los nombres y se vean interesantes.

7 Pon los mondadientes con los nombres de las ruinas dentro del mapa, donde correspondan. Si quieres que las banderas sean más cortas, puedes cortar los mondadientes por la mitad.

8 Deja tu mapa a un lado por varios días hasta que la masa se haya secado y endurecido. Cuanto más gruesa sea tu "tierra", más tiempo tardará en secarse.

9 Una vez que la masa se haya endurecido, pinta los países de diferentes colores. Usa el azul para el Océano Pacífico, el Mar Caribe y el Golfo de México. Deja que se seque la pintura. Escribe los nombres de estos cuerpos de agua con tu marcador.

10 Para sellar la masa y hacer que tu mapa dure más tiempo, mezcla 1 cucharada del pegamento Elmer con 1 cucharada de agua. Usa un pincel para pintar esta mezcla por encima de toda la masa de sal para evitar que absorba humedad.

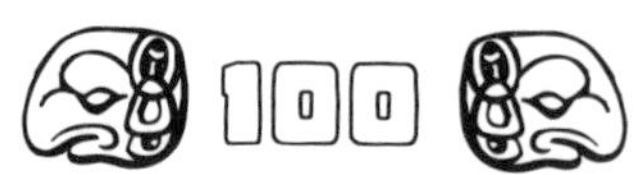

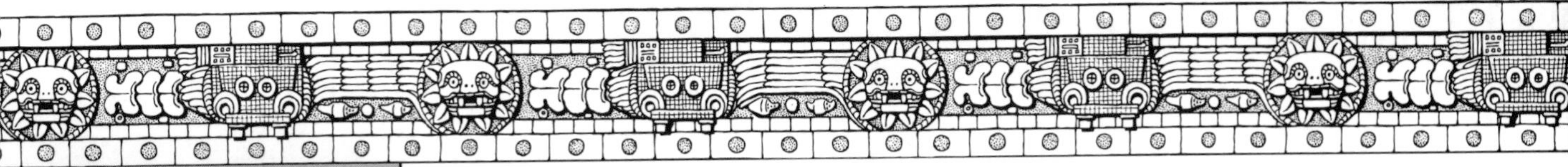

MATERIALES

regla

lápiz

hoja de papel

tijera

5 hojas de cartón delgado, como la parte de atrás de un bloc de papel

cinta de enmascarar

pegamento

pincel

diario

arena roja

Construye tu propio MODELO DE UNA PIRÁMIDE MAYA

Mira fotos de las pirámides egipcias y nota las diferencias entre estas y las pirámides mayas. Construye tu propia pirámide maya y comprenderás por qué. Recuerda, los mayas construyeron sus pirámides con propósitos religiosos. Las pirámides egipcias fueron construidas como tumbas para sus reyes.

1 Usa tu regla y lápiz para dibujar un triángulo equilátero (todos los lados iguales) en tu hoja de papel. Haz los lados de al menos 10 pulgadas de largo (25 centímetros).

2 Recorta tu triángulo y dibuja su forma en cada uno de los cuatro pedazos de cartón. Recorta cada triángulo de cartón y apílalos uno encima del otro. Estos serán los lados de tu pirámide.

3 Dibuja una línea de unas 4 pulgadas (10 centímetros) desde la parte superior de cada triángulo, y corta la parte de arriba de cada triángulo a la misma altura. Recuerda, ¡los mayas construyeron templos con las cimas planas! Deja a un lado las cimas cortadas —las necesitarás para hacer el templo arriba de la pirámide.

4 Sujeta los cuatro lados siguiendo la ilustración en esta página. Da vuelta los lados con cinta, dóblalos en las bisagras y párala. La cinta debería quedar adentro. Sella la parte abierta con cinta por dentro.

La actividad continúa en la siguiente página...

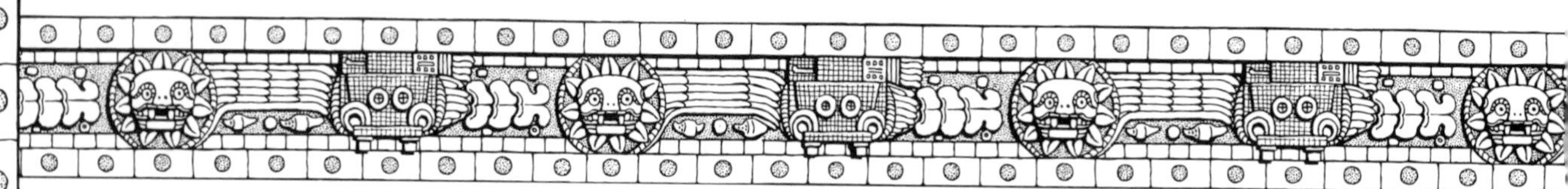

5 De lo que queda de uno de los pedazos de cartón, corta un cuadrado lo suficientemente grande como para cubrir el agujero arriba de tu pirámide. Pégalo para hacer la base de tu templo.

6 Toma los cuatro triángulos pequeños que dejaste a un lado y apílalos. Dibuja una línea transversal arriba y corta esas puntas. Para hacer tu templo, recorta un pequeño rectángulo como puerta en uno de los triángulos. Pega estos pedazos juntos con cinta, como lo hiciste con los pedazos más grandes. Corta otro cuadrado de la sobra de cartón para cubrir la parte de arriba de tu templo.

7 Usa tu pincel para poner pegamento debajo de tu cuadrado de cartón más pequeño. Ponlo arriba del templo y deja que el pegamento se seque durante un par de minutos. Luego pon pegamento debajo de las paredes de tu templo y ponlos encima de la pirámide.

8 Recorta cuatro tiras de papel de 1 pulgada de ancho y 8 de largo (2½ por 20 centímetros). Dobla cada uno como un acordeón para hacer escalones. Pega cada uno con pegamento en el centro de un lado de la pirámide. Deja que el pegamento se seque.

9 Cubre tu área de trabajo con diarios y luego pon una capa delgada de pegamento de un lado de la pirámide y escalones. Espolvorea arena roja encima del pegamento. Haz esto con los otros tres lados y la parte de arriba. Esto le dará a la pirámide su color rojo destacado de apariencia maya.

CAPÍTULO 12

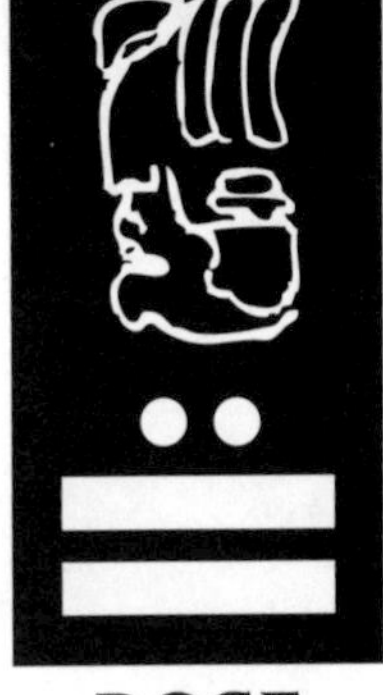

LAS ARTES

El arte de los mayas floreció durante el período clásico porque a los reyes mayas les gustaba estar rodeados de cosas hermosas que mostraban la riqueza de sus ciudades.

Pinturas

Los artistas pintaban escenas vibrantes de la vida real en los muros de los templos. El arte maya se enfocaba en los temas de sacrificios de sangre, guerra y las hazañas de los gobernantes mayas. Los antiguos mayas no creían en la importancia de mostrar familias felices jugando con sus niños, o albañiles construyendo grandes pirámides. En cambio, el arte mostraba ceremonias especiales, como a los reyes y las reinas cortando sus cuerpos para ofrecer su sangre a los dioses. Los artistas también disfrutaban de mostrar a los prisioneros de guerra presentados a sus reyes victoriosos.

Talla

Por ser las personas más importantes de sus ciudades, los reyes querían ver sus vidas registradas en estelas talladas. Esta era la forma principal que tenían los reyes para mostrar sus poderes y logros. Los reyes siempre eran la figura central en las tallas de caliza y arenisca, aunque a menudo se encontraban rodeados de otras personas en las tallas. La mayoría de los artistas tallaba el perfil de las figuras, mirando hacia la izquierda, y las tallas mayas más antiguas tienden a verse planas en vez de tridimensionales.

La ropa espléndida de los reyes, sacerdotes y otros nobles se puede ver claramente en las tallas mayas. Muy poca ropa sobrevive hoy en día porque Centroamérica es tan húmeda que las telas se deterioran rápidamente. Los arqueólogos han descubierto, más que nada del arte al **fresco** en las paredes y la alfarería, que para las ceremonias especiales, los tejedores producían disfraces elaborados para los reyes, sacerdotes y nobles, a veces con perlas y plumas entretejidas en la misma tela.

PALABRAS ÚTILES

fresco: obra de arte pintada con pigmento sobre yeso mojado en una pared o un techo.

Durante las ceremonias especiales, los reyes usaban tocas decoradas con jade, turquesa y plumas de pájaros, y capas hechas de pieles de jaguar. Estas pieles manchadas eran valoradas por los sacerdotes y reyes porque ellos creían que las manchas representaban las estrellas y que los jaguares los ayudaban a comunicarse con el mundo de los espíritus. Los reyes mayas también creían que los jaguares protegían a las familias reales.

Las joyas

Los nobles usaban muchas joyas, incluyendo pulseras, tapones de nariz y orejas, pendientes, cintas alrededor de las rodillas, ajorcas, collares, anillos y colgantes. Las joyas eran de dientes de tiburón y cocodrilo, así como de garras, conchas de mar, obsidiana, hueso, madera, piedra pulida y jade. Los tapones para las orejas son pendientes que caben dentro de grandes agujeros hechos en los lóbulos de las orejas. Los plebeyos usaban tapones simples para la nariz y labios, y pendientes de hueso, madera, concha de mar y piedra.

La nobleza maya valoraba el jade porque su color verde les recordaba a los maizales verdes.

El jade de Mesoamérica, de las zonas montañosas de lo que ahora es Guatemala, se llamaba "piedra de la ijada". Aunque es verde como el jade de la China, también puede ser negra. La piedra de la ijada es una piedra muy dura que varía de un color azul verdoso a casi negra.

¿SABÍAS?

Los mayas no usaron ni oro ni cobre en sus piezas decorativas hasta su período posclásico (900–1524 n. e.), cuando comenzaron a aceptarlo en los comercios con los aztecas.

Como lo valoraban tanto, ¡los mayas nobles hasta se agujereaban los dientes para llenarlos de piedras de la ijada!

Los mayas recogían la piedra de la ijada de los lechos de los ríos de lo que ahora es Guatemala. Como la piedra de la ijada es tan dura, requiere de mucha habilidad para tallarla. El pedernal, que usaban los mayas para cortar y tallar caliza, no servía contra la piedra de la ijada. Pero los antiguos mayas lograron serruchar la piedra de la ijada para obtener losas planas jalando una cuerda llena de pedazos de cuarzo para un lado y para el otro sobre la superficie de la piedra de la ijada, con la ayuda de agua y arena. Usaban taladros de huesos para hacer cortes decorativos y fibras de plantas para pulir la superficie de la piedra.

La alfarería

Los mayas producían una alfarería de clase mundial usando arcilla de los lechos del río. Fortalecían la arcilla al agregarle calcita, cuarto o ceniza volcánica. Los alfareros hacían recipientes de arcilla para cocinar, guardar comida y para propósitos religiosos y médicos.

Los alfareros mayas usaban rollos de arcilla para hacer sus recipientes. Después de hacer los rollos tan altos como deseaban, los suavizaban y unían con sus dedos. También usaban losas de arcilla para hacer cajas de cerámica. Los alfareros quizá hayan usado una especie de rueda de alfarero llamada *k'abal*, que es una plataforma de madera que se gira. Les permitía trabajar todos los lados de una pieza sin tener que levantar el recipiente o cambiar de posición.

Para hacer sus piezas sin esmaltar, los alfareros mayas usaban hornos de temperaturas bajas alimentados por fuego de leña. En general estos eran posos en el suelo. Para decorar la alfarería con escenas de la vida en la corte, usaban pintura hecha de una mezcla de pigmento finamente molido, arcilla y agua. El calor de los hornos hubiera destruido otras tinturas que los alfareros podrían haber usado, así que solo usaban unos pocos colores que podían aguantar el calor. Estos incluían el negro hecho de manganeso, amarillos y marrones hechos de limonita y anaranjados y rojos hechos de hematites.

Los alfareros en general bosquejaban las figuras de animales y gente en negro, y usaban los amarillos, marrones, rojos y anaranjados para rellenar las figuras. Los artistas que pintaban la alfarería hacían sus propios pinceles amarrando cerdas de animal o fibras de yuca a un tubo hueco. Para darles a sus piezas un acabado de esmalte brillante, los expertos creen que los artistas mayas frotaban las piezas con resina.

El poderoso jaguar

Los jaguares se parecen mucho a los leopardos, pero sus pieles tienen manchas más grandes bordeadas de negro llamadas rosetas. La selva tropical de Centroamérica le ofrece a los jaguares bastante refugio para acechar a su presa. Los jaguares tienen la mandíbula más fuerte que cualquier gato en este planeta. Dado su poder, muchos reyes mayas agregaban "Jaguar" a sus nombres, incluyendo los reyes de Yaxchilán, Escudo Jaguar y Pájaro Jaguar.

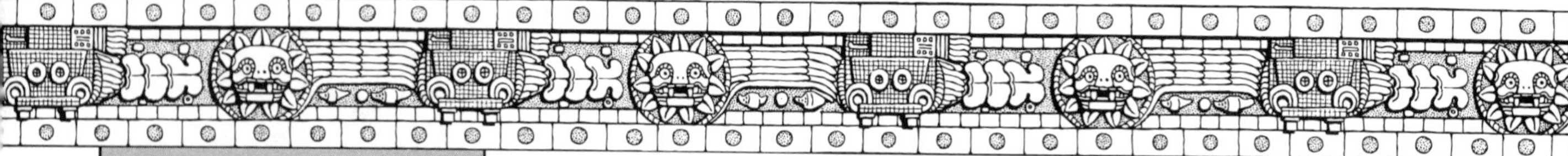

MATERIALES

papel manteca

cinta enmascadora

arcilla que se endurece al aire o arcilla de papel (disponible en tiendas de manualidades)

cuchillo de plástico o una herramienta de arte

rodillo

cortapastas redondo para galletas

pequeño tazón con agua

mondadientes (opcional)

pinturas acrílicas (opcional)

Construye tu propio VASO DE ARCILLA

Una vez que te des cuenta de lo fácil que es hacer estos vasos, podrás experimentar con diseños e intentar tallar algunos jeroglíficos.

1 Prepara una superficie de trabajo fácil de limpiar pegando papel manteca a una mesa.

2 Haz la base de la taza cortando un pedazo de arcilla y pasándole el rodillo hasta que esté plana. Corta un círculo redondo con tu cortapastas para galletas.

3 Haz un rollo largo enrollando un pedazo de arcilla entre tus manos. Mantén el rollo con el mismo grosor a todo su largo, así tu taza terminada queda pareja.

4 Pon el rollo alrededor del borde exterior de la base redonda. Usa rollos adicionales para construir los lados de la taza hasta que tenga una altura de 3 o 4 pulgadas (8 o 10 centímetros).

5 Cuando los lados estén lo suficientemente altos, puedes meter tus dedos en tu tazón de agua y usar el líquido para suavizar y moldear los rollos uniformemente. O puedes dejar los rollos sin suavizar para tener algo de textura.

6 Usa el mondadientes para dibujar estampados de diamantes en la superficie de la taza. Deja que tu taza se seque al aire.

7 Si quieres, puedes usar la pintura de acrílico para decorar la parte de afuera de tu taza con jeroglíficos o colorear el estampado.

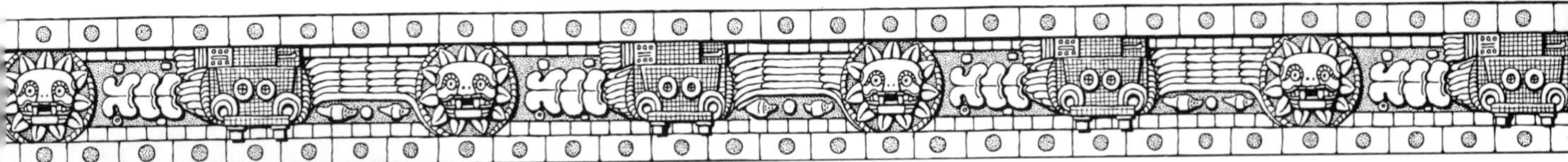

MATERIALES

pedazo cuadrado de tela color marrón claro, alrededor de 1 yarda por 1 yarda (unos 4 metros cuadrados) —la franela funciona bien porque no necesita dobladillo

regla, lápiz y tijera

2 cintas marrones de 6 pulgadas de largo (15 centímetros)

aguja e hilo O engrapadora

foto de un jaguar

fieltro negro (suficiente para cubrir una capa con manchas de jaguar)

pistola encoladora o pegamento para telas

Construye tu propia CAPA REAL DE JAGUAR

Fíjate lo poderoso que te sentirás al usar la capa de este símbolo sagrado maya. *Si usas una pistola encoladora, pídele a un adulto que te supervise.*

1 Coloca la tela sobre una mesa enfrente tuyo. Toma el borde de abajo y dóblalo hacia el borde de arriba formando un rectángulo. Toma el borde de la izquierda y dóblalo hacia el borde de la derecha nuevamente formando un cuadrado, solo que más pequeño.

2 La esquina de abajo a la izquierda es el centro de tu pedazo de tela. Aquí harás el agujero para el cuello. Usa tu lápiz para dibujar una línea curva de unas 2 pulgadas (5 centímetros) desde esta punta. Corta en esta línea.

3 Para hacer la forma redondeada de tu capa, dibuja otra línea curva, esta vez desde la esquina de arriba a la izquierda de tu cuadrado hasta la de abajo a la derecha. Corta siguiendo esta línea curva. Este será el borde inferior de tu capa.

4 Ahora tienes la forma de un poncho. Desdobla el pliegue de arriba de tu capa una vez para que tenga la forma de un arco iris entero. El agujero para tu cuello queda abajo y el borde curvo queda arriba. Corta el pliegue que está a la izquierda del agujero para el cuello, por el borde de abajo. Ahora abre la capa. Cose o engrapa la cinta al cuello para hacer lazos.

5 Estudia la foto del jaguar, luego corta formas similares del fieltro negro y pégalos en tu capa. Usa la cantidad de manchas que desees.

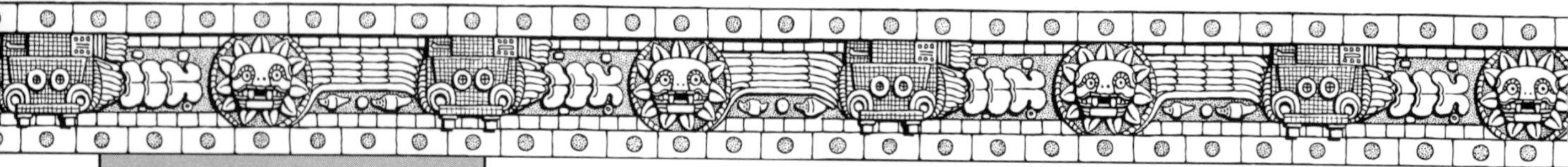

MATERIALES

diario

papel manteca o azulejo de cerámica esmaltada de 8 por 10 pulgadas (20 por 15 centímetros)

hilo elástico (verde o blanco)

tijera

cinta enmascadora

arcilla Sculpey (verde, negra, blanca)

cuchillo de plástico o una herramienta para moldear arcilla

rodillo

mondadientes (de los redondos y más pesados)

fichas

pinchos delgados de madera

bandejas de aluminio desechables

horno

Construye tu propia REPLICA DE UN COLLAR REAL MAYA DE JADE

En esta actividad, harás una replica del collar de jade de entierro encontrado en la tumba real de Calakmul, una cuidad maya en las tierras bajas de la selva tropical. Harás tu "jade" de arcilla Sculpey verde. La arcilla Sculpey es segura, pero no debes usar tu utensilios de cocinar o comer para hacer o hornear la arcilla. *La arcilla necesita ser horneada, así que pídele a un adulto que te supervise.*

1 Nota que el collar maya que se ve aquí está hecho de una mezcla de cuentas redondas y largas. También tiene un centro decorativo grande y rectangular. Tú harás todas estas piezas con la arcilla antes de armar tu collar.

2 Prepara tu área de trabajo cubriendo una mesa con papel de diario. Coloca suficiente papel manteca para darte lugar para pasarle el rodillo para hacer tus cuentas. O pásale el rodillo a tu arcilla sobre un azulejo esmaltado.

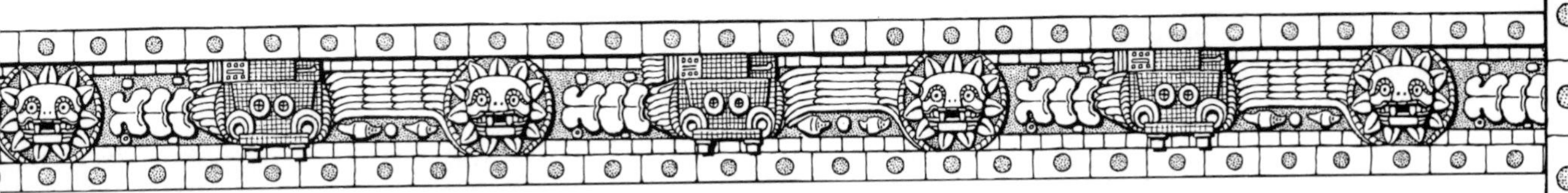

3 Mide un pedazo de hilo elástico lo suficientemente largo para que el centro del collar quede debajo de tu clavícula. Recuerda agregar un par de pulgadas de más de hilo elástico de cada lado para hacer un nudo (unos 5 centímetros). Con la cinta enmascadora, sujeta ambos lados del hilo a tu área de trabajo. Te mostrará cuántas cuentas hacer. Necesitarás unas cuentas extra para colgar debajo de tu pieza central.

4 Decide qué color de arcilla quieres usar. Mézclalas, si quieres. El verde con la mitad del negro te dará un color verde oscuro. La misma cantidad de verde y blanco te dará un verde claro. O puedes usar un blanco perla para hacer un verde perla. Después de escoger los colores, haz tus cuentas. Haz cuentas redondas amasando pedazos pequeños de arcilla en las palmas de tus manos. Para hacer cuentas largas, amasa un pedazo de arcilla para formar una pelota lisa y dale forma a esa pelota transformándola en un tronco largo. Amasa este tronco sobre tu papel manteca o azulejo de cerámica para hacer un rollo largo. Aprieta suavemente para que se mantenga uniforme. Corta las cuentas del largo deseado.

5 Con cuidado, haz agujeros a través de las cuentas con un mondadientes. Para no aplastar las cuentas, mete el mondadientes por la mitad de un lado, luego por la mitad del otro lado y finalmente de un lado al otro. Asegúrate de que el agujero sea lo suficientemente grande para que los pinchos entren fácilmente.

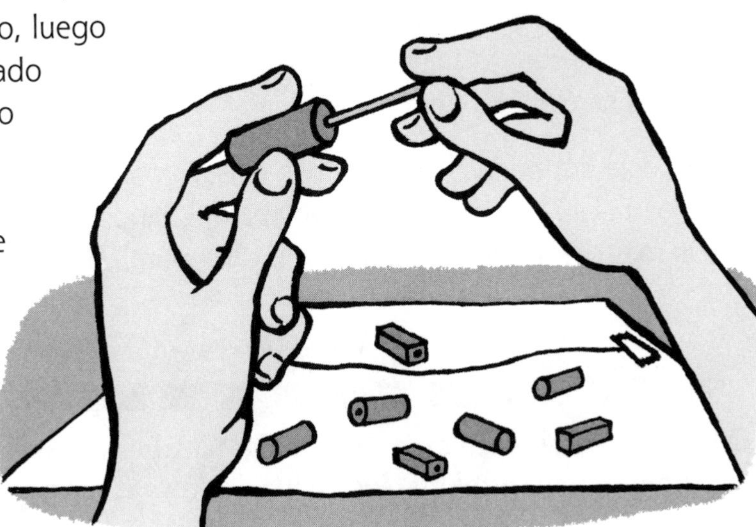

La actividad continúa en la siguiente página...

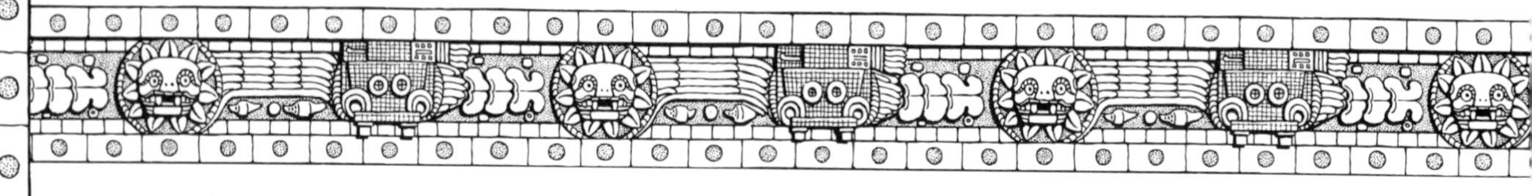

6 Para hacer la cuenta central rectangular, dibuja una T en una ficha y recórtala. Pasa el rodillo sobre un pedazo de arcilla hasta tener un pedazo con un grosor de ¼ de pulgada (½ centímetro) lo suficientemente grande para esta pieza. Coloca la T sobre la arcilla y recorta la arcilla que sobre. Corta la forma de la T en la pieza central, haciéndola tan grande como desees. Usa un mondadientes para hacer agujeros en las esquinas de arriba y abajo.

7 Corta ranuras en ambos lados de los lados largos de la bandeja de aluminio. Pasa las cuentas por los pinchos de madera y coloca los pinchos en las ranuras. Pon tu cuenta central sobre una ficha y colócala en la bandeja. La ficha evitará que se pegue.

8 Hornea de acuerdo a las instrucciones del paquete de arcilla. La mayoría de las arcillas de polímero se hornean a 275 grados Fahrenheit (130 grados centígrados). Recuerda que la arcilla Sculpey no se endurece hasta estar totalmente fría.

9 Cuando tus piezas estén frías, hila el elástico a través de los agujeros de arriba de tu pieza central así el elástico se dirige hacia atrás. Con la pieza central en el medio, agrega la misma cantidad de cuentas de cada lado. Cuando llegues al final del hilo, ata las puntas.

10 Corta dos pedazos más de hilo elástico para colgar desde la parte inferior del collar. Hílalo por los agujeros de abajo. Cuando esté parejo en ambos lados, agrega más cuentas y haz un nudo en cada punta para sujetar las cuentas.

¿SABÍAS?

Muchos artistas eran miembros de las familias reales, y a menudo firmaban sus nombres en sus obras. De hecho, los mayas representan la única cultura mesoamericana en donde los artistas se llevaban el crédito de sus obras individuales.

GLOSARIO

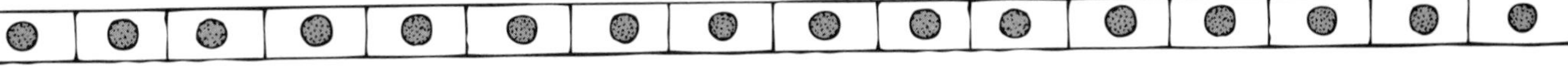

abundante: disponible en cantidades grandes.

acueducto: un tubo o canal designado a transportar agua utilizando la fuerza de la gravedad de un lugar a otro.

agave: un tipo de cactus que crece en México y Centroamérica. Los mayas usaban sus fibras sisales.

albañil: alguien que trabaja con sus manos.

añil: un colorante azul hecho del arbusto añil.

antepasado: una persona de tu familia que vivió antes que ti.

arco falso: un arco con forma de V invertida que se hace con una serie de piedras traslapadas con cada piedra sobresaliendo más hacia el centro que la de abajo. El espacio que queda en la punta es cerrado con una losa.

arqueólogo: alguien que estudia las civilizaciones antiguas y sus culturas.

astrológico: relacionado con el movimiento de los planetas, la luna y las estrellas.

ayunar: comer muy poquito o nada. Los mayas en general hacían esto con propósitos religiosos.

bajos fondos: lugar donde residen los muertos, así como algunos dioses malvados.

bancal: una zona plana formada por un corte en una pendiente empinada para sembrar cultivos.

cacao: granos que contienen las semillas que se usan para hacer cacao, manteca de cacao y chocolate.

caliza: un tipo de piedra que usaban los mayas para construir caminos, templos y otros edificios importantes.

cantera: excavación o corte de piedra en la tierra.

caracola: una larga concha de mar en forma de espiral que se puede usar como corneta.

chamán: un sacerdote-médico en la sociedad maya que atendía las necesidades físicas de la gente.

ciudad estado: una ciudad y sus alrededores que se gobierna a sí misma.

civilización: una comunidad de personas con una cultura y una organización social altamente desarrolladas.

códice: una inscripción antigua en forma de libro.

colonizador: un colono en una zona quien originalmente es de otro lugar.

conquistador: un soldado español del siglo XVI.

copal: un tipo de resina que viene de árboles tropicales que se usan en las velas.

Cuenta Larga: un calendario complejo solo usado por los sacerdotes y escribas mayas.

cultivo: plantas que se siembran para comida y otros usos.

decapitar: cortar la cabeza.

demonio: un espíritu malvado.

destacado: importante.

GLOSARIO

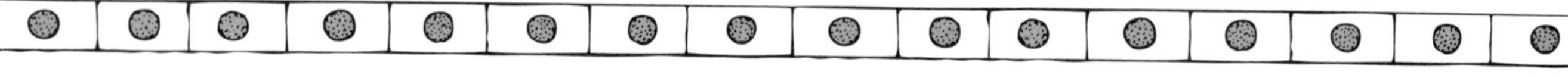

deuda: un servicio o dinero debido.

embalse: una laguna o lago natural o artificial utilizado para guardar y regular el suministro de agua.

epigrafista: alguien que estudia inscripciones antiguas.

escriba: un miembro de la sociedad maya que escribía con jeroglíficos sobre varios tipos de superficie, así como en códices, para mantener todo tipo de registros.

estela: losa vertical de piedra que usaban los mayas para registrar fechas e información importante sobre sus soberanos. La mayoría tiene una altura de tres a veintitrés pies (uno a siete metros). Los artistas mayas tallaban símbolos en la piedra.

estuco: un acabado para las paredes exteriores, generalmente hecho de una mezcla de cemento, arena, caliza y agua, que se aplica mientras está húmeda.

excremento: residuo sólido.

falsificación: una copia, no el original.

fetiche: una estatua pequeña que se cree tiene poderes mágicos o espirituales.

fresco: obra de arte pintada con pigmento sobre yeso mojado en una pared o un techo.

haab o Año Impreciso: el año de 365 días del calendario maya.

hogar: el piso de un fuego u horno.

horóscopo: una predicción del futuro de una persona basada en la posición de los planetas y las estrellas.

incursión: un ataque.

jade: un mineral poco común y valorado, normalmente de color esmeralda a verde claro.

jeroglíficos: un tipo de sistema para escribir que usa dibujos y símbolos llamados jeroglíficos para representar palabras e ideas.

látex: un líquido lechoso que se encuentra en muchas plantas.

lecho de roca: la tierra de piedra sólida, bien por debajo de la superficie más suave de tierra, arena, arcilla, grava o agua.

logograma: un caracter escrito que representa un significado o una palabra.

losa: la última piedra encima del arco falso que une ambos lados y termina la estructura.

lujo: algo que es lindo tener pero no es necesario.

majestuoso: de una belleza impresionante.

malacate: un huso o palito, estrecho en una punta y más pesado en la otra, donde se hace el hilado de fibras.

malaria: una enfermedad tropical dolorosa causada por la picadura de mosquitos.

mate: calabaza seca y vaciada.

mecapal: un cabestrillo para llevar una carga sobre la espalda, con una faja que se pone alrededor de la frente.

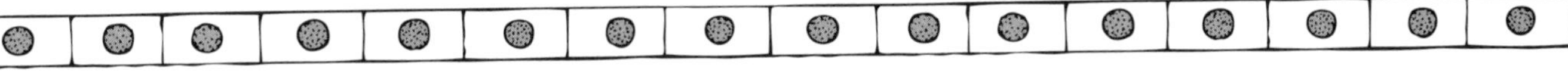

moneda: dinero u otro objeto de valor utilizado para el intercambio.

mortero: un material de construcción que al secarse se endurece. Se usa como pegamento para sujetar los ladrillos y las piedras.

muitú: un ave copetuda con cola larga que se encuentra en Centro y Suramérica.

múltiplo: un número que puede ser dividido en partes iguales por otro.

nómadas: un grupo de personas que se traslada en busca de comida y agua.

obsidiana: un vidrio negro producido por volcanes en erupción.

pagano: alguien que venera muchos dioses, o que tiene poco o nada de religión.

pájaro quetzal: un pájaro valorado por los reyes mayas por sus plumas azul verdosas brillantes. Hoy, este pájaro está en peligro de extinción.

particular: especial o único.

pedernal: una variedad de cuarzo muy duro, de color negro grisáceo.

piel: la piel de un animal.

plebeyo: una persona común y corriente sin rango ni título.

plomada: una pesa al final de una cuerda que usan los constructores para establecer líneas verticales y horizontales exactas.

Pok-A-Tok: un juego de pelota donde los equipos representaban la eterna batalla entre el bien y el mal.

politeísta: una persona que cree en más de un dios.

portátil: fácil de llevar de un lugar a otro.

procesión: un grupo de gente moviéndose en la misma dirección, hacia el mismo lugar o por la misma razón.

profecía: una predicción del futuro.

pubertad: cuando el cuerpo de un niño hace la transición a un cuerpo adulto.

pureza: inocencia o libertad de culpa y mal.

retorcido: doblado y deformado.

rival: un competidor.

sacrificio: una ofrenda a un dios.

sequía: un período largo de poca o nada de lluvia.

sisal: fibra resistente de las hojas de agave usadas por los mayas para hacer sogas y para tejer.

taparrabos: un pedazo de tela usada alrededor de la parte central del cuerpo.

toca: una elaborada prenda para la cabeza usada durante ocasiones ceremoniales.

trance: un estado soñoliento.

trópico: cerca del ecuador.

tzolk'in o Ciclo Sagrado: un período de 260 días que incluye un ciclo entero de todas las combinaciones de los nombres del día 20 con los números del 1 al 13 que hacen el año sagrado maya.

RECURSOS

Libros

Ancona, George. *Mayeros: A Yucatec Maya Family.* Nueva York: Lothrop, Lee & Shepard Books, 1997.

Coulter, Laurie. *Secrets in Stone: All About Maya Hieroglyphs.* Ontario: Little, Brown and Company, 2001.

Day, Nancy. *Your Travel Guide to Ancient Mayan Civilization.* Minneapolis, MN: Runestone Press, 2001.

Gerson, Mary-Joan. *People of Corn: A Mayan Story.* Ontario: Little, Brown and Company, 1995.

Kallen, Stuart. *The Mayans.* San Diego: Lucent Books, Inc., 2001.

Laughton, Timothy. *The Maya: Life, Myth and Art.* Londres: Duncan Baird Publishers, 1998.

Lourie, Peter. *The Mystery of the Maya: Uncovering the Lost City of Palenque.* Honesdale, PA: Boyds Mill Press, Inc., 2001.

Macdonald, Fiona. *Step into the Aztec and Mayan Worlds.* Londres: Lorenze Books, 1998.

Morton, Lyman. *Yucatán Cook Book: Recipes and Tales.* Santa Fe, NM: Red Crane Books, Inc., 1996.

Netzley, Patricia. *Maya Civilization.* San Diego: Lucent Books, Inc., 2002.

Orr, Tamra. *The Maya.* Danbury, CT: Watts Library, 2005.

Polin, C. J. *The Story of Chocolate.* Nueva York: DK Publishing, Inc., 2005.

Sharer, Robert J. *Daily Life in Maya Civilization.* Westport, CT: Greenwood Press, 1996.

Schuman, Michael A. *Mayan and Aztec Mythology.* Berkeley Heights, NJ: Enslow Publishers, Inc., 2001.

Whitlock, Ralph. *Everyday Life of the Maya.* Nueva York: Dorsett Press, 1976.

Páginas web

Jaguar Sun: Por Jeeni Criscenzo, autor de la novela sobre los mayas titulada *Place of Mirrors.*
www.jaguar-sun.com

Mayan Kids: Glosario extenso de palabras mayas.
mayankids.com/mmkglossary/!glossary_h.htm

Native American Indian Resources: Historias tradicionales mayas.
www.kstrom.net/isk/maya/mayastor.html

PBS: **www.pbs.org/wgbh/nova/maya**

Science Museum of Minnesota's Maya Adventure: Los mayas de Chiapas que viven en México hoy en día.
www.smm.org/sln/ma/chiapas.html

ÍNDICE

ÍNDICE